Norbert Weiss

Projektsupervision

Grundlagen
Durchführung
Erfolgsfaktoren

Norbert Weiss

Projektsupervision
Grundlagen · Durchführung · Erfolgsfaktoren

© 2006 Alle Rechte vorbehalten
RKW - Verlag
Düsseldorfer Straße 40
65760 Eschborn

RKW-Nr. 1516
ISBN 3-89644-263-5

Layout: RKW, Eschborn
Druck: KlarmannDruck, Kelkheim

Inhaltsverzeichnis

1	Einleitung	7
2	Die Projektsituation heute	9
3	**Motivorientierte Projektsteuerung durch Supervision**	**10**
3.1	Begriffliche Grundlagen	10
3.2	Supervision und Abgrenzung zum Coaching	10
3.3	Aufgabenverteilung und Kompetenzen von Projektsupervisoren	13
4	**Projekte in der unternehmerischen Praxis**	**14**
4.1	Erfahrungen mit Projektmanagement in der Praxis	14
4.2	Mögliche Ursachen für Misserfolge im klassischen Projektmanagement	16
4.3	Projektgruppenentwicklung und Paradoxien	21
5	**Projektmanagement: neu gedacht**	**23**
5.1	Kriterien für eine erfolgreiche Projektdurchführung	23
5.2	Ansatzpunkte für Supervision laufender Projekte	24
5.3	Projektsupervision und Führung	26
6	**Projektsupervision: Durch(-)Führung**	**30**
6.1	Projektsupervision bei bereits begonnenen Projekten	30
6.2	Projektsupervision bei neu aufzusetzenden Projekten	32
6.3	Projektsupervision und Führung	35
6.3.1	Führungsverhalten und Führungsstil	35
6.3.2	Mediation als Konfliktmanagementmethode in einem Projekt	37
6.3.3	Narratives Projektmanagement	41
7	**Anforderungen an den Projektsupervisor**	**44**
	Anmerkungen	47
	Literaturempfehlungen	54
	Zum Autor	58

„Alle Projektarbeit ist Begegnung nach dem dialogischen Prinzip:
auf Augenhöhe!"

Nach *Martin Buber*; deutscher Religionsphilosoph (1878-1965)

1 Einleitung

Wir nähern uns dem Thema zunächst über die grundlegenden Wortbedeutungen der in diesem Zusammenhang auftretenden Begrifflichkeiten und der heutigen Projektsituation in Deutschland, ehe wir uns der motivorientierten Projektsteuerung durch Supervision zuwenden. Im Anschluss daran beleuchten wir die unternehmerische Projektpraxis, bevor wir eine neue Perspektive des Projektmanagements entwickeln und diese dann in Verbindung mit einem systemischen Führungsbegriff setzen. Diese Veröffentlichung bewegt sich absichtlich auf zwei verschiedenen Ebenen. Die erste Ebene bildet den Haupttext mit der Entwicklung der Kerngedanken, die sich um eine größtmögliche Verständlichkeit und Zugänglichkeit für Praktiker bemüht, und eine zweite Ebene mit Anmerkungen für den darüber hinaus interessierten Leser. Dabei sei ein Lesehinweis an dieser Stelle erlaubt: Lesen Sie die Anmerkungen besser in einem zweiten Lesedurchgang, das sie den Fluss der Kerngedankenentwicklung erheblich erschweren und unterbrechen können. Nichtsdestotrotz finden Sie in den Anmerkungen tiefer gehende Erläuterungen und Darstellung von Zusammenhängen, die wichtig sind, aber im Hauptteil nur stören würden.

Sie haben das richtige Büchlein, wenn Sie für folgende Funktionen oder Handlungsfelder in KMU verantwortlich sind: Geschäftsführer, Betriebsleiter, Produktionsleiter, Qualitätsbeauftragte, Koordinator für das betriebliche Vorschlagswesen und/oder für den Kontinuierlichen Verbesserungsprozess (KVP), Führungskräfte, die auf der Suche nach einem Führungsstil sind, der motivierend wirkt und die Eigenverantwortung der Mitarbeiter im Zusammenhang mit Projektmanagement stärkt oder interessierte Mitarbeiter (Moderatoren, Projektleiter und Nachwuchsführungskräfte Potentialträger).

Die Literatur zu Projektmanagement ist fast unüberschaubar vielfältig. Es scheint alles sehr einfach zu sein, folgt man den Lehrbüchern und Praxisratgebern. Die Realität sieht leider anders aus. Kaum ein Projekt ist erfolgreich und wird sauber abgeschlossen. Sie bekommen als Leser kein weiteres *„Rezeptbuch"*, sondern eine praktische Handreichung, wie Sie Projekte von Anfang an „sauber aufsetzen" können und wie Sie mit Projekten und den darin involvierten Menschen wertschätzend umgehen, wenn Probleme und Hindernisse auftauchen.

Diese Veröffentlichung wäre nicht ohne viele Diskussionen bei Seminaren und Vorträgen sowie ohne die vielen Gespräche im kleinen Kreise zustande gekommen. Wichtige Impulse habe ich von meinem Freund Hermann Sottong erhalten, der wertschätzende kritische Anmerkungen beigesteuert hat. Für die Qualität der Veröffentlichung und deren möglichen Unschärfen bleibt aber allein der Verfasser verantwortlich. Wenn ich mit diesem Büchlein einen kleinen Beitrag dazu leisten kann, dass sich gerade kleine und mittlere Unternehmen in einem globaler werdenden Markt mit Hilfe eines sinnvollen praxisorientierten Projektsupervisionskonzepts besser behaupten können, bin ich zufrieden.

2 Die Projektsituation heute

„Um klar zu sehen, genügt oft ein Wechsel der Blickrichtung."
Antoine de Saint-Exupéry, französischer Schriftsteller (1900-1944)[1]

Viele kleine und mittlere Unternehmen (KMU) in Deutschland stecken in ernsten Schwierigkeiten oder geraten trotz wieder verbesserter Perspektiven aufgrund zu geringer Eigenkapitalausstattung und der sehr restriktiv gehandhabten Kreditvergabe der Geschäftsbanken auf der Grundlage von „Basel II" spätestens mit Beginn des nächsten Jahres in Finanzierungsengpässe. Darüber hinaus werden auch in KMU zunehmend umfangreiche Aufgabenstellungen an abteilungsübergreifende Projektteams übertragen. Trotz dieses Sachverhalts ergibt einer Studie zufolge, dass nur 17 Prozent aller Projekte in Deutschland als erfolgreich zu bezeichnen sind und damit viele finanziellen Ressourcen verschwendet werden.[2] Dennoch können viele Aufgabenstellungen auch in KMU heute nur noch fach- und bereichsübergreifend gelöst werden. Deswegen werden beispielsweise größere Entwicklungsvorhaben von Unternehmen immer mehr in Form von Projekten geplant und realisiert. Das Wissen einzelner Spezialisten und Zulieferer wird in diesen Projekten zusammengeführt. Die notwendigen Arbeiten werden nicht mehr hintereinander (sequentiell), sondern soweit möglich parallel (simultan) und in direkter Kommunikation miteinander durchgeführt.

Ob ein Projekt erfolgreich ist, entscheidet sich zunehmend an den Schnittstellen verschiedener (Fach-)Disziplinen und damit auch daran, ob es gelingt, ein transdisziplinäres Denken entstehen zu lassen. Wer also glaubt, dass lediglich geniale Einzelkämpfer die ultimativen Einfälle in Projekten haben und nur solche „Einzelkämpfer" in den Projekten zusammenführt, begeht einen Denkfehler. Projektgeeignete Persönlichkeiten verfügen über die Fähigkeit, Paradoxien und Asynchronien auszuhalten und verstehen sich auf dialogisches Denken. Das beinhaltet auch, dass sich solche Persönlichkeiten in einen Gegensatz zu den beherrschenden Auffassungen ihrer Zeit (Zeitgeist) setzen. Entwicklung und Veränderung, und dabei geht es letztlich immer in Projekten, finden immer nur dort statt, wo Kooperation die Verschmelzung bisher getrennter Fähigkeiten und Fachdisziplinen ermöglicht. Solcherart transdisziplinäres Denken entsteht in Projekten unter folgenden Voraussetzungen: Einerseits durch befähigte Führer mit charismatischer Anziehungskraft und Begeisterungsfähigkeit (d.h. Menschen mit einem sehr hohen Maß an persönlicher Integrität und Balance zwischen Ratio und Intuition) sowie andererseits durch die richtige Mischung an unterschiedlichen Fähigkeit in einem Projektteam. Erfolgreiche Projekte sind fast immer ein Ausdruck eines spezifischen Umfeldes.

3 Motivorientierte Projektsteuerung durch Supervision

3.1 Begriffliche Grundlagen

In einer ersten begrifflichen Annäherung bedeutet „Projekt" Plan, Planung, Entwurf und Vorhaben. Der Begriff ist französischen Ursprungs und bedeutete „entwerfen" oder auch „forttreiben" „hinaustreiben" im Sinne von „vorwärts werfen" und „vorstrecken".[1] Unter „Projekt" verstehen wir die Summe systematischer, menschlicher und fachübergreifender Entscheidungen und Handlungen in KMU.[2]

In Anlehnung an die DIN 69901-Norm wird „offiziell" unter Projektmanagement folgendes verstanden: Die Gesamtheit der Führungsaufgaben, -organisation, -techniken und -instrumente zur zielorientierten Durchführung großer Vorhaben.

Das Projektmanagement besteht demnach aus:

- Führungsaufgaben (Zielsetzung, Planung, Steuerung und Überwachung)
- Führungsaufbau (Projektorganisation)
- Führungstechnik (Führungsstil) und Führungsmittel (Methoden)[3]

3.2 Supervision und Abgrenzung zum Coaching

Die Wortbedeutung von Supervision ist: Überblick, Übersicht und Kontrolle. Unter dem Oberbegriff Supervision verstehen wir ein Weiterbildungs-, Beratungs- und Reflexionsverfahren für berufliche Zusammenhänge, insbesondere bei Projekten. Das allgemeine Ziel der Projektsupervision ist es, die Arbeit der Projektmitglieder zu verbessern. Damit sind sowohl die Arbeitsergebnisse als auch die Arbeitsbeziehungen zu den Kollegen wie auch organisatorische Zusammenhänge gemeint. Supervision entstand ursprünglich in den Bereichen der Sozialarbeit und in der Psychotherapie und wird heute primär als Maßnahme in Organisationen zur Personalentwicklung interpretiert und definiert. Im Rahmen der Supervision erhalten Führungskräfte organisierte Gelegenheiten, anhand konkreter Themen oder Fallbeispiele ihre individuellen Ressourcen zu erweitern und personale Widerstände und Blockaden, mit denen sich die Führungskräfte in der Regel selbst an ihrer individuellen Entfaltung und Weiterentwicklung hindern, zu bearbeiten.[4]

Vor diesem Hintergrund stellt sich sehr rasch die Frage, weshalb eine Organisation Supervision benötigt. Zunächst kann eine immer größer werdende Kluft zwischen Wissen und Können wahrgenommen werden. Dazu kommt, dass im Zuge des Entwicklungsprozesses einer marktwirtschaftlich organisierten Industriegesellschaft hin zu einer Dienstleistungs-, Wissens- bzw. Informationsgesellschaft immer mehr darauf ankommt, Sozialkompetenzen zu entwickeln. Bei genauerer Betrachtung können vielfältige Signale wahrgenommen werden, die darauf hindeuten, dass die Gruppenproduktivität wichtiger ist als die Einzelleistung. Doch gerade in diesem Kompetenzbereich sind die Erziehungsziele in Familie, Schule und Universität noch all zu sehr am Ideal des *„Einzelkämpfers"* ausgerichtet. Schon heute nehmen in den Unternehmen die kommunikativen Tätigkeiten mehr als die Hälfte der Arbeitszeit ein. Für Führungskräfte über alle Branchen hinweg gilt ein noch weit höherer Anteil der Arbeitszeit als Kommunikation. Gleichzeitig können der einzelne Mitarbeiter und viele Führungskräfte nur noch selten auf ein fertiges Produkt schauen und sich über das Gelingen freuen. Das liegt zum einen daran, dass die Arbeitsergebnisse immer häufiger immaterieller Natur sind. Des Weiteren kann festgestellt werden, dass immer mehr Mitarbeiter selbstreflexive Arbeitsbezüge haben, was soviel bedeutet, dass diese Menschen sich der Notwendigkeit gegenüber sehen, sich mit anderen über die relevanten Arbeitsbeziehungen auszutauschen, weil gerade das einen Teil der Arbeit und ihrer spezifischen Qualität ausmacht. Immer häufiger ist die gelungene Kommunikation im beruflichen Kontext eine notwendige und meistens auch hinreichende Voraussetzung, ein Mittel sowie ein Kriterium der Arbeitsqualität. Dazu ist es wichtig und notwendig, dass Mitarbeiter eine vertrauensvolle Beziehung herstellen können.

Diese Überlegungen treffen eine wie auch immer geartete Projektorganisation in ganz besonderem Maße, weil, wie der Soziologe Niklas Luhmann sagt, eine (Projekt-) Organisation sich über die Kommunikation konstituiert und definiert. Mit anderen Worten heißt das, dass ohne Kommunikationsbeziehungen eine Projektgruppe gar nicht existiert und somit auch nicht arbeitsfähig ist. Eine Ansammlung von *„Einzelkämpfern"*, die in eine formale Projektorganisation eingebunden werden, aber kaum Kommunikationsbeziehungen unterhalten, ist kein Subsystem im Organisationskontext und kann damit de facto gar keinen Erfolg und Synergieeffekte haben, der größer ist als die Summe der Einzelleistungen.

Um Kreativität und Autonomie zu fördern, die die Voraussetzungen für einen Gemeinsinn fördernden Prozess in Projektgruppen darstellen und damit erst den angestrebten Mehrwert ausmachen, ist es hilfreich, Gruppenprozesse stärker in beziehungsmäßiger Hinsicht zu reflektieren. Dabei ist es hilfreich, Supervision im Sinne einer *„Super-Vision"* aufzufassen, also eine Vorstellung oder Idee davon, wo das Unternehmen als Ganzes sich hinentwickeln soll. Um bei dem/den Projekten die Orientierung nicht zu verlieren, benötigen Unternehmen eine Vision als Leitstern. Der (externe) Projektsupervisor hat die professionelle Verantwortlichkeit für den einerseits für den Verlauf der Projektgruppensitzungen und für die *„Passung"* im Zusammenhang mit der Unternehmensvision, nicht jedoch für die Inhalte und Ergebnisse der Projektarbeit. Die Haltung und das Selbstverständnis der Projektgruppenmitglieder sind immer wieder auf die folgenden Fragen hin vom Projektsupervisor *„abzuklopfen"*:

- Projektvision: *„Wo wollen wir mit dem Projekt für das Unternehmen (eigentlich) hin?"*
- Projektkernwerte: *„Was ist uns wichtig und für was stehen wir?"*
- Projektleitbild: *„Wie wollen wir intern miteinander und im Umfeld mit den anderen Abteilungen und Bereichen im Unternehmen umgehen?"*
- Projektziele: *„Woran messen wir, dass das Projekt erfolgreich war/ist?"*
- Projektauftraggeber: *„Haben diese die gleichen oder ähnlichen Werte wie wir?"*
- Was genau ist das dringendste Problem des Projektauftraggebers?
- Hat die Projektgruppe eine Vorstellung von einer innovativen Lösung für das dringendste Problem des Projektauftraggebers?

Der Begriff *Coaching*[5] bedeutete ursprünglich „Kutsche" oder „Kutscher". Es wird synonym für Trainer verwendet. In der geläufigsten Variante – dem Sport-Coaching – steht Coaching für die emotionale und fachliche Vorbereitung eines Sportlers auf Wettkampfsituationen. Coaching ist nach unserer Auffassung eine professionelle Form der Unternehmensberatung. Dabei bearbeiten Führungskräfte ihre individuellen Themen mit einem Coach unter vier Augen oder in einer Kleingruppe. Mithin stellt das so verstandene Coaching eine innovative Maßnahme der Personalentwicklung von Führungskräften in Unternehmen dar. Darüber hinaus dient das Coaching als eine wertschätzende Dialogform bei (beruflichen) Krisenphänomenen und Konflikterfahrungen, aber auch für die individuelle berufliche Weiterentwicklung. Erfahrungsgemäß ist ein Coaching immer eine Mischung aus allen drei Aspekten, denn es geht immer um die Führungskraft als *„ganzen Menschen"* mit seinen Motiven, emotionalen Befindlichkeiten, Wahrnehmungen sowie mentalen Verhaltensmustern. Ziel des Coachings ist die Förderung der Führungskompetenz und einer stärkeren Humanisierung der konkreten Arbeitssituationen. Mit dieser Perspektive weist Coaching Parallelen zur Supervision auf. Allerdings entstammen Coaching und Supervision unterschiedlichen Denktraditionen und Entwicklungslinien. Coaching hat stärker als Supervision die Eingebundenheit der Führungskraft in den organisatorischen und systemischen Kontext[6] der Organisation im Blick.

Coaching, zumal in hochkomplexen Projekten, muss aber immer auch dem Umstand Rechnung tragen, dass Führungskräfte im Speziellen und Mitarbeiter im Allgemeinen sich ihren Selbstwert und *„Eigensinn"* bei aller Eingebundenheit in formale Systeme erhalten bzw. aufzubauen suchen. Die Mitarbeiter in Organisationen möchten ihre Integrität als einmalige Individuen bewahren. Grundsätzlich sind Individuen in Organisationen austauschbar, aber auf der anderen Seite sind Mitarbeiter erst dann wirklich wertschöpfend in einer Dienstleistungs- oder Wissensproduktion tätig, wenn sie sich wirklich als integrierte, glaubwürdige Persönlichkeiten präsentieren können. Aus diesem Grund ist das Projektcoaching oder Supervision immer dialogisch zu orientieren, soll diese Personalentwicklungsmaßnahme effektiv und effizient zugleich sein.[7]

Eine scharfe Trennung von Supervision, die intentional die individuelle Entwicklung der Führungskraft im Blick hat, und Coaching, die die Funktionsrolle in der Organisation akzentuiert, ist in der Praxis nicht durchzuhalten. Schlussfolgernd stellen wir fest, dass Coaching und Supervision in der praktischen Anwendung (in der Theorie mag das etwas anderes sein) fließend ineinander übergehen.

3.3 Aufgabenverteilung und Kompetenzen von Projektsupervisoren

Projektsupervisoren sind Mitgestalter eines lernenden Unternehmens. Ob ein solcher Projektsupervisor eingesetzt werden soll, wird sinnvollerweise zu Beginn des Projekts durch den Projektsteuerungsausschuss festgelegt. Hier ist mit großer Sorgfalt eine *„saubere"* Abgrenzung der Aufgabenverteilung und Kompetenzen zwischen Projektleitung und Projektsupervisor durchzuführen.

AUFGABENBEREICHE	des PROJEKTSUPERVISORS
Teambegleitung	* Moderation von Teamgesprächen * Mediation[8] in Konfliktfällen * Überwachung der Kommunikationsregeln * Unterstützung beim Methodeneinsatz
Information	* Informationslieferant * Dokumentation der Projektarbeit * Visualisierung der Projektarbeit/ Veröffentlichungen
Controlling	* Laufender SOLL-IST-Abgleich * Aufbau eines geeigneten Rückmelde-Systems
Initiativen anstoßen	* Maßnahmen zur Beschleunigung * Coaching einzelner Projektmitarbeiter
Lernen und Qualifizieren	* Organisation von Reflexionstreffen * Ermittlung des Qualifizierungsbedarfs * Durchführung von Weiterbildungsmaßnahmen

4 Projekte in der unternehmerischen Praxis

„Es hat alles zwei Seiten. Aber erst wenn man erkennt, dass es drei sind, erfasst man die Sache."

Heimito von Doderer, österreichischer Schriftsteller (1896-1966)[1]

4.1 Erfahrungen mit Projektmanagement in der Praxis

Der desolate Zustand von großen Projekten lässt sich beinahe mühelos täglich in der Wirtschaftspresse verfolgen. Nehmen wir als Beurteilungsmaßstab für ein Projekt den Nutzen für den Auftraggeber, dann erhebt sich die Frage, was heißt es genau, wenn ein Projekt schief geht? Wahrnehmbar sind zunächst die deutlich werdenden Schwierigkeiten und der Ärger. Darüber hinaus ist festzustellen, dass die Projekte „*aus dem Ruder laufen*" und sich die betroffenen Beteiligten plötzlich in kaum beherrschbaren komplexen Konstellationen befinden. Scheinbar urplötzlich ereignen sich Dinge und Abläufe, die die Projektmitglieder weder vorhergesehen noch geplant haben. Das deutet dann darauf hin, dass in der Prozessarchitektur die Projektbedingungen nicht sauber abgebildet wurden. Dies könnte dann daran liegen, dass insbesondere der „*Humanfaktor*" nicht ausreichend berücksichtigt wurde.

Um diesen Humanfaktor rankt sich eine Reihe der wesentlichen negativen Erfahrungen im Zusammenhang mit gescheiterten Projekten. In Projekten – vorzugsweise in solchen, die sich um neue Organisationsstrategien oder neue Produkte bemühen – spielt der Informationsbegriff eine entscheidende Rolle.[2] Information beschreibt diejenigen Aspekte einer Botschaft im Sinne von Kommunikation, die wir zählen können, wie beispielsweise Buchstaben, Silben, Wörter oder Sätze, Absätze, Seiten etc. Im Projektalltag bezeichnen wir vieles als Information und meinen Botschaften, Aussagen, Ideen, die ein Projektgruppenmitglied gesagt oder geschrieben hat. Die Annäherung an den Informationsbegriff auf Basis der Wortbedeutung führt uns zu „*bilden, eine Gestalt geben*" und/oder „*in Form*" im Sinne von „*zu Gestalt, Figur*". Information ist in einem Projekt sichtbar. Im Gegensatz dazu ist die von jedem Projektmitglied als Empfänger einer Information explizit ausgesonderte Information zunächst nicht sichtbar und wird erst in einem Zusammenhang wahrnehmbar. Die daraus entstehende Komplexität hängt mit den individuellen mentalen Modellen der Einzelnen zusammen und macht die Komplexität in Projekten aus.

Alles das, was explizit ausgesondert wird und damit „außen vor" bleibt, wird mit Nørretranders (1997) als „Exformation" beschrieben.[3] Die Exformation umfasst alles, was nicht gesagt oder geschrieben wurde/wird

- aus- oder weggelassen wurde/wird
- zwischen den Zeilen steht
- was die Projektgruppenmitglieder stillschweigend ergänzen müssen.

Das ist in einem Projekt so lange keine Schwierigkeit, solange alle betroffenen Beteiligten dieselben Exformationen haben, denn dann ist die projektgruppeninterne Kommunikation wesentlich reicher als ein externer Beobachter aufgrund der gesendeten Informationen wahrnehmen kann. Allerdings müssen dann die Projektgruppenmitglieder auch auf ähnliche Erfahrungen oder einen ähnlichen Bedeutungsspeicher zurückgreifen können, damit sie den Informationsbausteinen, die offiziell gesendet werden, dieselbe Exformation „hinzufügen". Exformation ist dabei die Menge an Aufwand, die der Sender in der Vergangenheit investierte und die nun dem heutigen Empfänger erspart wird. Demzufolge kann in einem Projekt, in dem die Mitglieder über die gleichen Exformationen und einen ähnlichen Bedeutungsspeicher verfügen, wesentlich präziser, bedeutungsreicher und damit kreativer und schlussendlich auch schneller und effizienter kommuniziert werden.

Damit lässt sich eine entscheidende Aufgabe für den Projektleiter ableiten: Von Anbeginn eines Projektes hat er die Rahmenbedingungen dafür zu schaffen, dass innerhalb „seiner" Projektgruppe eine homogene Exformation stattfinden kann und er auf der anderen Seite für einen möglichst großen und gemeinsamen Bedeutungsspeicher Sorge tragen muss. Dies ist eine immer wieder unterschätzte Aufgabe für den Projektleiter im klassischen Verständnis. Gelingt einem Projektleiter dies in einem Projekt und wird dies dann auch nachhaltig (vor-) gelebt, dann ist die wesentlichste Grundvoraussetzung für den Erfolg eines Projektes gegeben.

Deutlich werden solche gemeinsamen Bedeutungsspeicher dann, wenn ähnliche Verhaltensweisen bei Projektgruppenmitgliedern ausgelöst werden, indem

- Metaphern erzählt werden
- Gleichnisse erzählt werden
- Analogien angesprochen werden
- Typische Redewendungen und Insiderbemerkungen verwendet werden
- Fachjargon angewandt wird

Zusammenfassend lässt sich sagen, dass Exformation sämtliche Erfahrungen aus der Vergangenheit im Sinne eines Voraus-Wissens umfasst als auch die gegenwärtigen Assoziationen der Projektgruppenmitglieder, mit denen diese das von ihnen individuell Wahrgenommene ergänzen und anreichern. Überspitzt könnten wir formulieren, dass Information völlig uninteressant ist, lediglich die Exformation, die immer im Individuum wohnt, für das in Rede stehende Individuum allein interessant ist. Dies ist vor dem Hintergrund zu sehen, dass Informationen ohne Exformation für Menschen und damit auch für Projektgruppenmitglieder keinen Sinn ergeben. Erst die Exformation gibt einer Kommunikation innerhalb eines Projektes den notwendigen Tiefgang. Es handelt sich um sinnvolle Beschreibungen für angereicherte Informationen, die die Projektgruppenmitglieder als bedeutungsvoll wahrnehmen. Je mehr Exformation, desto mehr Tiefgang wird spürbar. Dies funktioniert aber nur, wenn alle an der Kommunikation Beteiligten ihren Teil der Verantwortung dafür übernehmen.

4.2 Mögliche Ursachen für Misserfolge im klassischen Projektmanagement

In einem ersten Zugriff weist das Untersuchungsfeld mögliche Ursachen für Misserfolge Gründe dafür aus, die aus der unmittelbaren Erfahrung mit der Anwendung der klassischen Projektmanagement-Haltung[4] und -Methode herrühren:

- Die Unternehmensführung ist nicht ausreichend engagiert.
- Die Projektaufgaben sind nicht klar formuliert und der Projektanfang sowie das Projektende sind nicht deutlich erkennbar.
- Kein ausreichendes Projektcontrolling ist vorhanden.
- Planungstechniken werden missbraucht.
- Keine ausreichende Anpassung an die sich ständig ändernde Projektumwelt.
- Der „Humanfaktor" findet im Prozessablauf nicht genügend Berücksichtigung und den Rollenüberschneidungen der Projektgruppenteilnehmer aus Linienverantwortlichkeiten und Projektmitarbeit als „Gleicher unter Gleichen" wird keine Rechnung getragen.
- Das fachliche Know-how fehlt in der Projektgruppe.
- Der Projektleiter ist ungeeignet und genießt demzufolge keine Akzeptanz.
- Es wurde vom Projektleiter versäumt, einen gemeinsamen Bedeutungsspeicher und ähnliche Exformationswege und -bausteine aufzubauen.

- Die Informationslage wird innerhalb eines Projektes nicht zuletzt deshalb von den betroffenen Beteiligten als anstrengend wahrgenommen, nicht weil sie zuviel, sondern weil sie zuwenig Informationen enthält (d. h. keine gemeinsamen Exformationsbilder und keinen gemeinsamen Bedeutungsspeicher). Der Projektprozess wird nicht mehr von einem Überfluss an Details und Sinnhaftigkeit beherrscht, sondern bietet eine nicht-bildhafte Flut von Informationen, die in Exformation *„eingekleidet"* werden muss, damit die Projektgruppenmitglieder überhaupt einen Sinn[5] erkennen können. Die Verarmung der Sinneswahrnehmung und der (gemeinsam geteilte) Bedeutungsmangel des Informationsflusses werden damit zu „dem" Hauptproblem eines jeden Projektes. Die betroffenen Beteiligten werden auf eine geringe (Wahrnehmungs-)Bandbreite heruntergestuft und beginnen sich zu langweilen.

Häufig unterschätzt wird die Arbeitsumgebung für eine Projektsitzung. Gerade bei langen Arbeitssitzungen unter Zeitdruck ist das Umfeld wichtig und sollte optimal gestaltet werden. Das Unterbewusstsein der Beteiligten nimmt jede Unzulänglichkeit in der Arbeitsumgebung als störend wahr, was sich negativ auf die Leistungsfähigkeit auswirkt, und zwar ohne dass es *„greifbar"* wird. Das kann für den Projektleiter bedeuten, dass er über geeignete Räumlichkeiten sucht, auf die optimale Raumtemperatur, Licht- und Luftverhältnisse sowie auf die Ernährung (Pausensnacks etc.) achtet.

Ein weiteres wichtiges Thema ist die notwendige Projektdokumentation. Die Berichte und Protokolle sollten auf das Wesentlichste beschränkt werden und eine einfache Sprache beinhalten. Idealerweise werden nur die Ergebnisse protokolliert. Beschlüsse können zusammengefasst werden, anstatt sie (ausführlich) zu beschreiben. Eine *„Maßnahmenliste"* gehört obligatorisch dazu. Insgesamt gilt: je kürzer, desto besser. Wenn der Projektleiter will, dass die Berichte in der Projektgruppe auch gelesen werden, dann sind die Informationen zu bündeln und auf das Wesentliche zu beschränken. Ist beispielsweise der Projektstatus stabil, liegen die Kosten im Korridor und lässt sich der Endtermin vermutlich halten, dann sollte dies auf der ersten Seite ganz oben auch stehen. Zusammenfassend gilt:

- Ein Fazit ist besser als eine Beschreibung.
- Allein die Beschlüsse zählen und nicht die Entwicklungsgeschichte.
- Es reicht auch völlig, wenn Argumente und Begründungen in einer kurzen Aufzählung genannt werden.
- Das Wichtigste zu Beginn.
- Auf den ersten Absatz auf der ersten Seite kommt es bei Berichten und Notizen an.

- Das Projektsitzungsprotokoll ist direkt nach der Sitzung zu erstellen und zu verteilen.
- Der Projektleiter kann ein Muster verteilen und den Hinweis geben, wo die öffentlich zugänglichen Protokolle auf dem Server zu finden sind.

In den meisten Projekten zeigt sich im Prozess eine hohe Wahrscheinlichkeit, dass es zu Kosten- und gleichzeitig zu Terminüberschreitungen bei parallelen inhaltlichen Kompromissen kommt. Dies vor dem Hintergrund, dass Ungewissheiten ganz typisch für Projekte im Unternehmensalltag sind. Sie sind sozusagen im Wesen eines Projektes begründet.

Die in einen Terminplan eines Projektes eingebauten Sicherheitsreserven liegen in der Differenz zwischen dem Mittelwert der Wahrscheinlichkeitsverteilung und der tatsächlichen Schätzung für Kosten und Termine. Die Projektgruppenmitglieder orientieren sich bei ihren *„realistischen Schätzungen"* an ihren schlimmsten Erfahrungen in der Vergangenheit (selbsterfüllende Prophezeiung). Gleichzeitig sind die meisten Verantwortlichen in Unternehmen so darauf fixiert, Geld zu sparen, dass sie darüber meist vollkommen vergessen, dass der eigentliche Zweck eines Projektes ist, Geld zu verdienen.[6] Sie versuchen, das Budget um ein paar Prozent zu drücken, und verdoppeln dadurch die Kapitalrückflussdauer. Wenn sich parallel der Projektleiter nicht mehr auf das Wesentliche konzentriert, sind beträchtliche Verzögerungen unabwendbar. Die finanziellen Belastungen, die durch die verspäteten Erträge aus dem vollendeten Projekt verursacht werden, stellen allen anderen möglichen Nutzen in den Schatten.

Erschwerend kommt ein fundamentaler Denkfehler zum Vorschein: Im Projekt können viel bessere Lösungen gefunden werden, wenn sich die Projektgruppe weigert, nach Kompromissen zu suchen, und sich stattdessen auf die Ermittlung der zugrunde liegenden Annahmen konzentriert. Der *„kritische Pfad"* ist dabei entscheidend dafür, wann ein Projekt abgeschlossen wird. Jede Verzögerung auf dem kritischen Pfad bringt das gesamte Projekt in Verzug. Wenn die Gruppe einen Pfad spät beginnen lässt, dann bietet dieser Pfad keine Zeitreserven mehr. Mit anderen Worten bringt jede Zeitverzögerung auf diesem Pfad das gesamte Projekt in Verzug. Lässt die Projektgruppe dann als Folge dieser Entwicklung alle Projektteilschritte später beginnen, so werden sie dadurch ungleich bedeutsamer. In der Folge muss sich die Gruppe auf alle Schritte gleichzeitig konzentrieren. Eine Konzentration auf das Wesentliche ist damit nicht mehr möglich. Der Projektleiter hat dann nur eine Chance, das Projekt zu *„retten"*, wenn er bestimmt, wie die Schwachstellen des Systems optimal genutzt werden können, wobei alle seine Entscheidungen dieser optimalen Nutzung von Schwachstellen unterzuordnen sind. Das System bleibt aber nur dann handlungsfähig, wenn es für maximal zwei

Schwachstellen gelingt, eine Entlastungswirkung zu generieren. Die immer wieder auftretenden Mechanismen zum Einbau von Sicherheitsreserven lassen sich folgendermaßen kennzeichnen:

- Zeitschätzungen werden aufgrund schlechter Erfahrungen in der Projektvergangenheit pessimistisch angesetzt, nämlich am Ende der Verteilungskurve.
- Die veranschlagte gesamte Projektzeit wird umso länger, je mehr Führungsebenen einbezogen werden, da jede Ebene eigene Sicherheitsreserven und -kapazitäten hinzufügt.
- Diejenigen in einem Projekt, die für die Schätzungen verantwortlich sind und diese erstellen, wappnen sich von vorneherein gegen pauschale Kürzungen.

Ein weitergehender Trugschluss ist die Erfahrungstatsache, dass sich Abweichungen vom Zeitplan bei aufeinander folgenden Phasen eben gerade nicht „unter dem Strich" ausgleichen. Im Gegenteil addieren sich Verzögerungen, während zeitliche Vorsprünge (wirkungslos) verpuffen. Dieser Umstand liegt vor allem daran, dass Projektmitarbeiter erst dann Probleme/Hindernisse/Blockaden feststellen, wenn sie sich intensiv mit einer Aufgabe innerhalb eines Projektes beschäftigen. Tauchen dann Schwierigkeiten auf, dann arbeitet das Projektteam mit Hochdruck an der Lösung. Die Sicherheitsreserven sind an dieser Stelle jedoch schon „verpulvert", also werden alle Projektarbeiten nicht pünktlich fertig. Dieser Umstand erklärt, worum so viele Teilschritte trotz großzügigen Sicherheitsreserven mit Verspätung vollendet werden.

Auf das so genannte „Multi-Tasking" entfällt der vermutlich größte Teil der Bearbeitungszeit in einem Projekt. Ob durch Meetings, Krisenmanagement oder Fremdaufgaben – die Folgen sind immer die gleichen: Die Bearbeitungszeit wird verlängert. Gleichzeitig summieren sich an den Übergängen zwischen den einzelnen Phasen die Verzögerungen und die gewonnene Zeit löst sich gewissermaßen in Nichts auf. Eine Lösung könnte darin liegen, dass sich das Projektteam mit dem Projektleiter fokussiert durch:

1. Identifizieren
2. Optimal nutzen
3. Unterordnen
4. Entlasten
5. Von vorne anfangen

Somit fokussiert sich die Projektgruppe für den Fall eines Prozessoptimierungsprojektes in der Fertigung darauf, die Bestände zu deckeln, die sich zwischen zwei Stationen ansammeln dürfen. Erreicht ein Bestand an einer Stelle den Maximalwert, darf die betreffende Station nicht mehr mit hundertprozentiger Kapazität weiterproduzieren. Kommt es aber zu einem Produktionsstopp, bleiben die Bestände erhalten. Bei einem Projekt dagegen ist die verlorene Zeit für immer verloren.

Der einzige Punkt, an dem wir 100% Effizienz haben wollen, der einzige Bereich, der abgesichert werden muss, ist der Engpass. Nur dort sollte ein Bestandsvorrat gebildet werden. Nirgends sonst in der Prozesskette. Wenn wir den ersten Mitarbeiter mit dem Engpass verbinden, dann werden die anderen Mitarbeiter, die in diesem Teilprozess beteiligt sind, gezwungen, sich im Gleichschritt mit dem Engpass zu bewegen. Alle übrigen Mitarbeiter, die schneller sind als der Engpass, werden zurückgehalten. Der Gesamtprozess dehnt sich auf die maximale Prozesslänge und gleichzeitig ergibt sich vor dem Engpass eine Lücke. Kommt es in der Prozesskette vor dem Engpass zu Stockungen, kann der Engpass weiter produzieren. Die Bestände und die Sicherheitsreserven sammeln sich hier. Die Effizienzperspektive und Varianzen an allen möglichen Prozessteilschritten im Einzelfall sind die eindeutig falschen Maßnahmen. In einem Prozess darf die Zeit, die dem kritischen Pfad zugemessen werden muss, nicht verschwendet werden. Jede vergeudete Minute auf dem kritischen Pfad führt zu Verzögerungen des gesamten Projekts oder Prozesses. Überdies summieren sich die Verzögerungen überproportional. Demzufolge besteht die Aufgabe des Projektleiters darin, den Endtermin des kritischen Pfades abzusichern. Folgerichtig sind alle Sicherheitsreserven an das Ende des kritischen Pfades zu platzieren. Es steht genügend Zeit zur Verfügung, um einen Projektpuffer zu schaffen, wenn die Zeitschätzungen für alle Teilschritte oder Teilprozesse entsprechend heruntergeschraubt werden. Das bedeutet konkret, dass bei jedem Zubringer oder Vorgängerteilprozess die ursprünglich veranschlagte Zeit für die Teilschritte/Teilprozesse um 50% gekürzt wird und die Hälfte der so gewonnenen Zeit als Zubringerpuffer eingesetzt wird. Dieser Zubringerpuffer schützt den kritischen Pfad vor Verzögerungen, die auf den angeschlossenen nicht-kritischen Teilpfaden auftreten. Führt ein Problem/Hindernis/Blockade dennoch zu einer Verzögerung, die den Zubringerpuffer übersteigt, so ist die Frist zur Fertigstellung des Projektes/Prozesses immer noch durch den Projektpuffer abgesichert.

Generell müssen Unternehmen für kürzere Bearbeitungszeiten mehr Geld bieten, denn von sich aus wird kein Zulieferer oder Teilprozessverantwortlicher dazu bereit sein. Auf der anderen Seite ist es als ein eindeutiger Fehler zu betrachten, passende Antworten zu erwarten, wenn die vorgegebenen Daten nicht korrekt sind. Kommt es nämlich zu einer Ressourcenüberlastung, d.h. eine Ressource wird gleichzeitig für zwei verschiedene Teilphasen oder Teilprozesse benötigt, dann sieht die kritische Projekt- oder Prozesskette möglicherweise ganz anders aus, als der kritische Pfad. Die Behebung der Ressourcenüberlastung bringt die Schwierigkeit mit sich, dass es keine eindeutige Möglichkeit gibt, zu entscheiden, welche Phase/welcher Teilprozess nachgestellt werden sollte. Diese Entscheidung ist erfahrungsgemäß mehr oder weniger willkürlich. Eine Lösungsmöglichkeit könnte darin bestehen, dass wir - statt Phasen zu zeichnen - uns etwas Flexibleres einfallen lassen. Der Projektleiter kann sich für jede Phase ein Blatt Papier zurechtschneiden, dessen Länge die benötigte Zeit darstellt. Dann kann er alle Teile so lange herum schieben, bis es im Gesamtprojekt/-prozess keine Überlastungen mehr gibt. An dieser Stelle helfen Fallbeispiele nicht wirklich weiter, denn sie haben eine deterministische Grundstruktur. Daten sind entweder vorgegeben oder sie sind es eben nicht. Die Realität sieht aber deutlich anders aus. In der Praxis sind viele Dinge schwammig, vage, ja sogar kritisch.

4.3 Projektgruppenentwicklung und Paradoxien

Die Projektsupervision beschäftigt sich mit der Identifikation und der entwicklungsförderlichen Aufarbeitung folgender Paradoxiearten[7], die innerhalb einer Projektgruppe auftreten (können):

- *Paradoxie der Identität*: Projektmitglieder suchen nach Gruppen und Teams, in denen sie so wenig individuelle Identität wie nur irgend möglich aufgeben müssen;

- *Paradoxie der Mitteilung*: Entsteht, wenn alle betroffenen Beteiligten abwarten, was andere tun, um ihre eigenen Verhaltens- und Kommunikationsweisen an dem zu orientieren, was die anderen tun;

- *Paradoxie des Vertrauens*: Vertrauen kann nur aus Vertrauen entstehen. Vertrauen bewährt sich in einer Gruppe erst dann, wenn die Gruppe auch schlechte Nachrichten für Einzelne aufnehmen und verarbeiten kann;

- *Paradoxie der Individualität*: Entsteht dadurch, dass die Gruppe dem Wunsch des einzelnen Mitglieds nach Individualitätsbestätigung nur dadurch nachkommt, indem die Gruppe diese Individualität zugunsten der Gruppendynamik beschneidet;

- *Paradoxie der Autorität*: Eine Gruppe gewinnt nur dann Autorität, wenn die Mitglieder der Gruppe Autorität zuweisen und damit auf individuelle Autorität verzichten;

- *Paradoxie der Regression*: Jeder gruppendynamische Prozess erfordert einen Verzicht der Mitglieder auf Teile ihrer Identität und Individualität, weil das, was die Projektgruppe ausmachen soll, nur aus diesen Verzichtteilen, nicht aber aus den Individuen als „*Ganzen*" entwickelt werden kann;

- *Paradoxie der Kreativität*: Kreativität ist ein zutiefst destruktiver Prozess, wobei nur die Gruppenbegeisterung im Prozess hilft, den Gedanken an das „*Zurückgelassene oder Opfer*" auszublenden. In einer Gruppe ist das, was zurückgelassen wird, immer mit Energieinvestitionen der Individuen verknüpft, so dass die Gruppe mit jedem neuen Schritt kreativer Zerstörung Motivations- und Engagementverluste riskiert, die eben plötzlich nicht mehr aus dem gemeinsamen Gruppenziel heraus abgeleiteten „*Euphorieeffekt*" kompensiert werden können.

Doch der Vorteil einer Projektgruppe besteht genau darin, gerade diejenigen Energien, die aus der Destruktion erwachsen, in die Entwicklung des Projekts zu transformieren. Genau an dieser Stelle kommt der eingangs schon mal als wichtig erachtete „*Humanfaktor*" zum Tragen. Nach unserer Erfahrung kann diese Transformation in Gruppen nur in seltenen Fällen allein aus organisationsinterner Kraft geleistet werden. Gerade, weil dieser Humanfaktor so paradox, komplex und sehr schwierig zu steuern ist, verlegen sich viele Organisationen auf die einfacher scheinende „*Macht der Zahlen*" und des Projektcontrollings allein auf materieller Basis in Form von Projektplänen, Zahlenwerken und wissenschaftlich anmutenden Methoden bzw. Techniken. Doch dies wird nicht reichen und es ist gleichzeitig ein Umdenken in der Haltung notwendig, mit der an die Projekte herangegangen wird. Viele Studien zu den Kenntnisständen der Projektverantwortlichen kommen zu dem Ergebnis, dass das Potenzial von Projektmanagement systematisch unterschätzt wird. Demzufolge ist mit Nachdruck auf einen Ausbau des Projektmanagement-Wissens und auf die passenden Prozesse wert zu legen. Ferner kann nicht oft genug die Wichtigkeit des Projektmanagements durch das Einbeziehen der Geschäftsleitung betont werden. Deren vornehmlichste Aufgabe ist es, dafür Sorge zu tragen, dass die richtigen Projekte in Angriff genommen werden.

5 Projektmanagement: neu gedacht

5.1 Kriterien für eine erfolgreiche Projektdurchführung

Die Projektmitglieder sollten sich dadurch auszeichnen, dass sie über ein hohes Maß an Kontinuität, Glaubwürdigkeit, Einheitlichkeit im Stil, Souveränität, gewachsene Qualifizierung sowie Selbst- und Verantwortungs-Bewusstsein verfügen. Diese Eigenschaften sind allerdings nicht nur auf die wissenschaftlich-technische Bildung zu beziehen, sondern auch auf umfassende geisteswissenschaftliche Fähigkeiten und Kenntnisse sowie auf den Mut zum Denken in Alternativen.[1]

In einem Projekt werden selbständiges, konkretes, verlässliches und gleichzeitig lebendiges Denken, differenziertes Wahrnehmen und die Fähigkeit zur Kommunikation benötigt und damit zu Erfolgsfaktoren. Es geht darum, dass sich jedes Projektteammitglied und insbesondere der Projektleiter immer wieder klar vor Augen führt: Ist mein/unser Beitrag wertvoll und stellen wir uns unserer Verantwortung? Für diese Verantwortlichkeitsfrage sollten die Projektmitarbeiter eine deutlich positive emotionale Einstellung entwickeln und mit der Verantwortung leben. Entscheidend ist, das Bewusstsein darauf zu fokussieren, dass die Projektgemeinschaft das tragende Element und der Einzelne das initiative Element ist. Die Initiative muss vom Projektteammitglied ausgehen, die Projektgruppe ist dazu da, den einzelnen Mitgliedern zu helfen, das Bewusstsein für die Projektnotwendigkeiten und diejenigen des Projektumfeldes zu entwickeln. Auf der anderen Seite ist Routine wichtig für die Produktivität und die Effizienz in einem Unternehmen. Aus der Routine auszubrechen ist eine nicht zu unterschätzende Aktion in Richtung auf Erneuerung und Innovation. Das Ausbrechen aus der Routine ist die Aufgabe von Projektgruppen. Dafür braucht es aber eine gewisse Kultur im Unternehmen, die dann auf die Projektkultur in das Projektmanagement abstrahlt. Die ganze Bewegung sollte nach gewissen Regeln ablaufen, damit nicht das einzelne Teammitglied das Projekt blockiert und umgekehrt der Einzelne vom Team unterdrückt wird. Insbesondere der Projektleiter hat im Zusammenwirken mit einer menschorientierten Unternehmenskultur dafür Sorge zu tragen, dass er die in jedem Mitarbeiter lebende Sehnsucht nach eigenständiger Arbeit wertschätzend sich entwickeln lässt. Das bedeutet: In der Projektarbeit zu lernen, in der Arbeit selbst einen Anreiz zum schöpferischen Tätigsein zu finden und schlussendlich zu entdecken, dass in der (Projekt-) Arbeit Sinn individuell erfahren werden kann. Der Teamleiter muss vor diesem Hintergrund darauf verzichten, allzu starken Druck auf die Teammitglieder auszuüben und sein Projektcontrolling lediglich als Pression zu instrumentalisieren. Projektteammitglieder sollten darüber hinaus über eine so genannte unternehmerische Disposition, also die Fähigkeit verfügen, sich in eine bewusste Lebenssituation zu bringen, in der man zunehmend sensibel wird für das, was sich um einen herum so alles tut, einen Blick für Veränderungen zu bekommen, die sich im Rahmen eines Projektes ergeben. Sie sollten einen klaren Blick dafür entwickeln, was man aus seiner eigenen Entwicklung und Verantwortung heraus dafür tun kann.

Mit und in Projekten handeln wir in die Zukunft hinein, gestalten gemeinsam etwas, schaffen uns dadurch neue Handlungsfolgen, mit denen wir uns auseinander zu setzen haben. Was wir dadurch gewinnen, sind Erfahrungen und Fähigkeiten. Es bilden sich durch diese Vorgehensweise Fähigkeiten, die im Unternehmen verbleiben, die Früchte des gemeinsamen Arbeitens. Daraus entsteht in einem erweiterten Sinne dasjenige Kapital, das letztlich den Unternehmenswert ausmacht. Die Amortisation ist die Polarität zur Investition. In der Investitionsphase gehen die Projektteammitglieder in die Sache hinein – investieren-, binden Mittel in Form von Zeit und anderen Ressourcen, und bei der Amortisation werden Mittel freigesetzt. Diese Perspektive auf die Entschuldung ermöglicht das Unternehmen dann in der Folge, dass es neue unternehmerische Freiräume gewinnen kann, in denen neu gesät werden kann, um zu einem späteren Zeitpunkt ernten zu können. Das ist die intendierte Entwicklungsspirale für ein Unternehmen, die aus einem erfolgreichen Projektverlauf resultiert. So entstehen organisches betriebliches Wachstum und eine dynamische Entwicklung im Unternehmen.

5.2 Ansatzpunkte für Supervision laufender Projekte

Zentrale Ansatzpunkte für Supervision durch externe Berater stellen die Hindernisse und Widerstände, die in Projekten immer wieder auftreten können, dar. Das kann einerseits daran liegen, dass im Unternehmen Entscheidungen verschleppt werden. Erfahrungsgemäß liegt es auch häufig daran, dass für die notwendigen Entscheidungen die erforderlichen Informationen fehlen oder nicht an der entscheidenden Stelle vorliegen. Es ist im Regelfall ein lohnender Versuch für den Projektleiter, herauszufinden, ob es im konkreten Einzelfall auch so ist. Projektleiter können dieses Problem aktiv lösen, indem sie

- sichtbar machen, was im Projekt bisher erreicht worden ist;

- ein Treffen mit den verantwortlichen Entscheidern organisieren und dort dann die bisherigen Ergebnisse präsentieren;

- jemanden von außerhalb der Organisation einladen, der mit einem ähnlichen Projekt schon Erfahrungen gemacht hat und Informationen liefern kann, die für eine Entscheidung maßgeblich sind.

Für die Projektsupervision sind folgende Ansatzpunkte für eine erfolgreiche Intervention zur Beachtung anempfohlen:

- Humanfaktor in Bezug auf die Projektleiter-Persönlichkeit und die Projektgruppenmitglieder und deren Beziehungen zueinander;
- Projekt „xy" als soziales Teil-System im Unternehmen;
- Kommunikation innerhalb der Projektgruppe und zwischen Projektgruppe(Teilsystem) und Unternehmung (Gesamtsystem).

Tauchen in laufenden Projekten Schwierigkeiten auf, kann das auch daran liegen, dass Projekte darauf ausgerichtet sind, etwas Neues zu schaffen, ein Problem zu lösen oder etwas Älteres, Schlechteres durch Besseres zu ersetzen. Allein die Formulierung des Projektauftrags kann bereits eine Kritik am bestehenden Zustand enthalten. Dies ist ganz besonders bei Veränderungsprojekten der Fall. Kritik wird oft als Vorwurf und Abwertung empfunden. In der Folge tritt dann oft ein nur scheinbar erstaunlicher Widerspruch auf: Die betroffenen Beteiligten, die selbst Kritik am bisherigen Zustand ausgedrückt hatten, beginnen nun, den alten Zustand mit Nachdruck zu verteidigen oder wollen von Bewährtem nicht (ab-)lassen und leisten aktiven oder, noch häufiger, passiven Widerstand gegen die Neuerungen, die mit dem neuen Projekt angestrebt werden. Wie kommt eine solche paradoxe Situation zustande?

Betroffene sind im Allgemeinen gerne bereit, an Neuerungen mitzuarbeiten, um die Zustände, die sie individuell als unzureichend wahrnehmen, abzustellen. Dennoch wollen sie nicht rückwirkend für ihre in der Vergangenheit liegenden Entscheidungen und Handlungen kritisiert werden. Die Kritik bezieht sich nämlich regelmäßig nicht nur auf Inhalte ihrer Arbeit, sondern auch auf Arbeitsweisen und Strukturen. Das Versagen der Wertschätzung für Vergangenes erzeugt bei vielen Widerstand. Dieses Gefühl der Abwertung und Respektlosigkeit ist häufig die Ursache dafür, wenn in aktuellen Veränderungsprozessen „*Haarspaltereien*" betrieben werden, statt sich vorbehaltlos auf das Neue einzulassen. Im Gegensatz dazu ist es ganz häufig einfach unnötig, alles Alte und möglicherweise Bewährte „*in Bausch und Bogen*" zu verwerfen. Erhaltenswertes und Bewährtes aus dem Bisherigen zu übernehmen, kann im neuen Projekt kostbare Zeit und Ressourcen sparen helfen und gleichzeitig für die Betroffenen wichtige Orientierungspunkte schaffen, an denen sie mit dem Neuen anknüpfen können.

Gelingt es im neuen Projekt, nicht zuletzt durch die wertschätzende Steuerung durch den Projektleiter, den Nutzen des Alten bekannt zu machen und zu würdigen, werden die Projektmitarbeiter bemüht sein, das Bewährte bei der Lösungssuche angemessen zu berücksichtigen. Allein dadurch, dass der Projektleiter bei der Implementierung der Projektergebnisse auf diesen Verlust hinweist und dies insoweit schätzt, dass er den Verlust deutlich macht, erleichtert er den Beteiligten die Übernahme und Integration der Projektergebnisse. Ist einmal die glaubwürdige Wertschätzung von Seiten der Projektleitung deutlich geworden, dann steigt bei den Projektmitarbeitern das Verständnis für die unabwendbar einsetzenden Anfangsschwierigkeiten und dann sind sie in der Folge eher bereit, an den Verbesserung der Lösungsoptionen konstruktiv mitzuarbeiten.

Wer schätzt und würdigt fällt ein Werturteil über Verfahren, Ergebnisse und nicht zuletzt über Menschen. Dies ist eine respektvolle Haltung, die in das Selbstverständnis und damit in die Projektkultur eingeht und damit ebenso wie Logik, Analysefähigkeit, Kreativität und Sachverstand zu den Grundfähigkeiten im Projekt gehört.

Insbesondere die Betroffenen, die Geschäftsleitung (Auftraggeber) und eventuell die Kunden sollten sich in einer respektvollen Art und Weise mit dem Bisherigen auseinandersetzen. Da so ein Vorgang nicht automatisch passiert, hat es der Projektleiter zu organisieren. Dies kann in der Weise geschehen, dass bei der Erhebung des Zustandes die Betroffenen und die Führungskräfte beteiligt werden. In dieser Phase ist es ohne großen Mehraufwand möglich, neben der Frage nach dem, was zu verbessern ist, auch nach dem Nutzen des bisherigen Zustands zu fragen. Dies gelingt aber nur, wenn die Führungskräfte und Entscheider bereit sind, den Nutzen, den sie erhalten, explizit im neuen Projekt aufzuzeigen und dort, wo er durch neue Lösungen verschwindet, einleuchtende Begründungen für die Betroffenen zu geben, die diese auch akzeptieren können.

5.3 Projektsupervision und Führung

Mit Hilfe der dialogischen Führung gelingt es, die Einsicht des einzelnen Projektmitarbeiters durch das sinnvoll gewählte Wort anzusprechen und die ganzen Bemühungen in der Zusammenarbeit darauf zu richten, dass sich aus der jeweiligen Einsicht des Einzelnen die Gemeinsamkeit im Handeln bildet. Im wertschätzenden Dialog von *„Angesicht zu Angesicht"* besteht die Chance, dass das Ich des Einzelnen zur Geltung kommt. Dialogische Führung von Projektteams bedeutet damit, im Unternehmen die Grundlage für glaubwürdiges Handeln zu schaffen. Die dialogische Führung wirkt so als *„Treiber"* für eine Weiterentwicklung der Unternehmenskultur. Es kommt dabei vor allem darauf an, die Eigeninitiative im Sinne eines auf das Ganze gerichteten Zusammenarbeitens anzuregen und den Projektmitgliedern das notwendige Zutrauen entgegenzubringen. Dialogische Führung ist daher kein direktes Führen im klassischen Sinne. Dialogische Führung wirkt indirekt: Der Projektmitarbeiter wird durch Zutrauen seitens der Projektleitung als ein eigenständiger Teil eines unternehmerischen Auftrages geachtet. Darin liegt ein wesentlicher Unterschied zu den tradierten Projektmanagementkonzepten.

Es wird im Projektalltag durchaus auch Situationen geben, in denen die Einsichtsmöglichkeit eines Einzelnen nicht (hinreichend) geweckt werden kann. Für solche Fälle darf auch bei einer dialogischen Führung die Möglichkeit einer Anweisung nicht ausgeschlossen werden. Es liegt aber im Prinzip des Dialogischen begründet, dass der verantwortliche Projektleiter dann auch die Möglichkeit nutzt, eine dem Ideal nicht entsprechende Situation mit dem jeweiligen Mitglied reflexiv nachträglich aufzuarbeiten. Im Zusammenhang zwischen Projektsupervision und Führung kommt es darauf an, dass der Projektsupervisor Bewegung durch Anstöße entwickelt. Nichts ist unmöglich, wenn alle Projektmitglieder an einem Strang ziehen. Wie schaffe ich es als Projektleiter mit externer Unterstützung, leuchtende Augen bei den Projektmitgliedern zu erzeugen? Im Anschluss daran gilt es herauszufinden, wie sich dieses Leuchten mit dem Projektzweck (Effektivität) in Einklang bringen lässt. Ein führungserfahrener Projektleiter hat auch dafür Sorge zu tragen, dass sich seine Projektmitarbeiter auf der Grundlage einer idealistischen Grundhaltung nicht selbst ausbeuten, denn das führt in der Regel dazu, dass das (Projekt- oder Unternehmens-)System immer Recht und der Mensch in diesem System Unrecht hat. Systeme prägen, aber Individuen handeln konkret.

Die Projektmitarbeiter können am meisten lernen, wenn sie vom Projektleiter laufend kritische Rückmeldung erhalten, was sie in ihrer Persönlichkeit nicht verletzt und trotzdem den Verhaltenskorrekturansprüchen von Seiten des *„Chefs"* gerecht wird. Das setzt aber eine ausreichende Beziehungsklärung zwingend voraus. In jedem Fall ist ein gutes Mischungsverhältnis zwischen Lob und Kritik notwendig: am besten eins zu drei. Dabei kann sich der Projektleiter von der Haltung leiten lassen, dass es aufgrund jahrtausenderlanger Erfahrung gänzlich unmöglich ist, keine positiven Dinge bei anderen Projektmitgliedern zu finden. Wenn es gelingt, eine Projektkultur entstehen zu lassen, die von gegenseitiger Achtung geprägt ist, dann ist ganz allgemein gesprochen das Projekt auf einem guten Weg. Sollte der Projektleiter versäumen, diese Achtungskultur durch sein aktives Vorleben einzuüben, strahlt das auf das gesamte Unternehmen aus. Auf der anderen Seite wirft eine solche Achtungskultur letztlich auch messbare Rendite ab: Ein bestimmtes Maß an Beziehungsklärung oder andere Positionsrangeleien fallen schlicht im Laufe der Projektzeit weg, d. h. die Projekt-Transaktionskosten sinken spürbar. Eine Sondersituation für die Führungsarbeit stellt sich für den Projektleiter dann dar, wenn im Projekt *„Freischaffende"* integriert sind. Aus unserer Erfahrung sind folgende Punkte mit diesen speziellen Projektmitarbeitern zu klären:

- Besprechen der schriftlichen Aufgabenbeschreibung und eine ausführliche mündliche Besprechung.
- Zusammen mit dem Auftraggeber sind die Verantwortlichkeiten eindeutig zu regeln (Vertrag) und dies ist in einer Startveranstaltung mit allen Beteiligten darzulegen.
- Abklärung der einzusetzenden Projektinstrumente und Sicherstellung, dass der/die „Freischaffende" darauf vollen Zugriff haben.
- Vereinbarung über Art und Umfang der Dokumentationen, die von den „Freischaffenden" zu erarbeiten sind.
- Festlegung des Informationsflusses („Hol- und Bringaufgaben") und damit Regelung der Kommunikationswege.

Eine wesentliche Erkenntnis aus der Analyse vieler Projekte ist, dass ein Vor-Projekt sinnvoll ist. Damit ist ein Kernteam aus zwei bis fünf Personen zu bilden, welches sich im Vorfeld eines komplexen Projektes zu folgenden Themen umfassend Gedanken machen sollte:

- Projektstruktur und Auswahl einer geeigneten Projektleiter-Persönlichkeit
- Vor-Untersuchung im unternehmerischen Rahmen
- Projektrelevante Informationen einholen
- Umfassende Recherchearbeiten
- Erfahrungen im Unternehmen/Organisation „abgreifen".

Es hat sich in der praktischen Beratungsarbeit im Zusammenhang mit Projektsupervision als sehr erfolgreich herausgestellt, mit einem so genannten Projektmanagement-Office (PMO) zu arbeiten und ein solches vor Projektbeginn zu formieren. Das PMO ist die zentrale Einrichtung und der Mittelpunkt der Projektkommunikation und dient allen Projektmitarbeitern als Anlaufstation und gleichzeitig als Wissens-Pool. Das PMO unterscheidet sich deutlich von dem eher administrativ geprägten Projektoffice, das in der klassischen Projektmanagement-Literatur immer wieder gefordert wird. Der entscheidende Unterschied liegt darin, dass das PMO eine koordinierende Rolle einnimmt. In komplexen Problemsituationen ist es wichtig, dass die projektinterne Kommunikation reibungslos ablaufen kann, das entsprechende Wissen bereitgestellt wird, Projektinstrumente methodenadäquat eingesetzt und eine sowohl fachliche als auch emotionale Unterstützung der Projektmitglieder gewährleistet ist. Nachfolgend sind die erfahrungsgemäß notwendigen Anforderungen und Funktionen aufgelistet:

- Erstellen von professionellen Präsentationen für den Lenkungsausschuss.
- Vor- und Nachbereitung von internen und externen Projektsitzungen.
- Organisation von Projektgruppen-Sitzungen inklusive Protokollerstellung sowie die Erstellung von Projekt-Statusberichten.
- Beantwortung von Mails, Faxen und Briefen sowie die Entgegennahme von Telefongesprächen bei Abwesenheit von Projektgruppenmitgliedern.
- Erstellen und Pflege von Projekt-Tabellen/-Listen/-Dokumenten sowie die Organisation und Pflege der Ablage.
- Organisation von Dienstreisen und Exkursionen sowie die Bestellung und Verwaltung von Projektmaterialien.
- Informationspool und Distribution von projektrelevanten Informationen sowie die effiziente Terminkontrolle.

6 Projektsupervision: Durch (-) Führung

6.1 Projektsupervision bei bereits begonnenen Projekten

Projektsupervision kommt bei bereits begonnenen Projekten dann ins Spiel, wenn im Projektalltag (massive) Probleme oder Störungen auftreten. Dann wird häufig der Ruf nach einer Art „*Feuerwehraktion*" laut. Damit sind schnell wirksame Interventionen angesprochen, die immer dann sinnvoll sind, wenn es zu folgende Aussagen „*im Raum stehen*":

- „Wir haben nicht die richtigen Mitarbeiter im Projekt!"
- „Das Arbeitspaket „*xy*" hat deutliche Verspätung!"
- „Wichtige Projektentscheidungen werden nicht gefällt!"

In diesen häufig beobachteten Projektsituationen hat es sich in der Praxis als kontraproduktiv erwiesen, wenn der Projektleiter länger wartet, auf Besserung hofft, den Wortbrüchigen „*auf den Schlips tritt*", beim Chef „*petzt*" oder dauerhaft Überstunden anordnet. Der sinnvollere Weg ist der einer (von externem Berater) moderierten Krisensitzung, in der der Grundstein dafür gelegt wird, die Projektplanung an die personellen Ressourcen anzupassen und darüber den Auftraggeber zu informieren. Der externe Supervisor hilft mit, die Gruppendynamik „*im Griff zu behalten*", denn das Team wird nachher weiter erfolgreich zusammenarbeiten müssen. Der Humanfaktor ist dabei angemessen zu berücksichtigen. Das bedeutet einerseits wertschätzenden Umgang mit Konflikten, um das soziale System zu stabilisieren, und andererseits die Kommunikation zielführend zu gestalten.

Darüber hinaus hat der (externe) Projektsupervisor dafür Sorge zu tragen, dass in einer angemessenen Form die bisherige Projektarbeit gemeinsam reflektiert wird, um eine umfassende Diagnose des Projektes zu erhalten. Erst mit dieser Diagnose hat das Projekt insgesamt eine Chance, erfolgreich beendet werden zu können. Das kann bedeuten, dass die Organisation Ressourcen zukauft und/oder Leistungsmerkmale reduziert. Wichtig ist an dieser Stelle auch erfahrungsgemäß immer wieder, eine nochmalige Klärung des Auftrags, denn dies wird häufig am Projektanfang versäumt. „*Projektunfälle*" sind häufig ein untrügliches Zeichen, dass in der Prozessstruktur Defizite angelegt sind. Ohne einen ausgebildeten Projektsupervisor als „*Ersthelfer*" werden Projekte, die in Schwierigkeiten hineingelaufen sind, meist ein „*Schrecken ohne Ende*".

Der Projektsupervisor kann in einem „*festgefahrenen*" Projekt versuchen, eine Bestandsaufnahme zu machen. Er kann versuchen, die Motive der Gruppenteilnehmer auf einer intuitiv-emotionalen Wahrnehmungsbasis zu erfassen und darzustellen. Die nachfolgend geschilderte Vorgehensweise ist nicht nur in der

Praxis erprobt, sondern ermöglicht sehr schnell und mit einer sehr hohen Sicherheit ein umfassendes und zutreffendes Bild der Projektsituation zu bekommen.

- Erlaubnis einholen, dass Sie als Projektsupervisor ihren Eindruck der derzeitigen Projektsituation schildern dürfen.
  Supervisor: „Darf ich Ihnen gerade mal schildern, wie ich unser Gespräch und/oder die Situation in der Projektgruppe gerade wahrnehme?"
- Beobachtung/Wahrnehmung
  Supervisor: „Ich nehme wahr, dass Sie sehr ungeduldig sind!"
- Behauptung
  Supervisor: „Sie sind von unserem bisherigen Projektergebnis enttäuscht!"
- Begründung und Beispiel für die Behauptung
  Supervisor: „Sie haben glaubhaft dargestellt, dass das bisherige Projektergebnis nicht unseren Aussagen entspricht oder entsprochen hat!"
- Gefühl oder Emotion
  Supervisor: „Ich kann ihre Verärgerung sehr gut nachfühlen!"
- Reflexionspause und Abgleich mit individuellen und unternehmerischen Werten
  Der Supervisor überprüft gedanklich, ob er persönlich einen Fehler gemacht hat oder zu viel versprochen hat. Darüber hinaus prüft er, an welcher Stelle im Unternehmen die Fehlleistung entstanden sein kann.
  Supervisor: „Ich prüfe Ihren Hinweis, dass die Projektgruppe so nicht weitermachen kann!"
- Anschauliche Konsequenz formulieren oder eine konkrete Bitte äußern
  Supervisor: a.) „Wir machen Ihren Hinweis in Bezug auf die unzufrieden stellende Zusammenarbeit im Projektteam sofort zum Thema!" b.) „Bitte sagen Sie mir genau, womit ich Ihnen wirklich weiterhelfen kann oder könnte bzw. was getan werden muss, damit die Projektgruppe ihr Ziel erreichen kann!"

Ist ein Projekt in eine Schieflage geraten, gilt es den Raum der Möglichkeiten wieder zu erweitern. Das kann mittels eines Projektworkshops gelingen, der auf Geschichten aufbaut, die der Projektrealität Bedeutung verleihen. Was in solchen Situationen zählt sind nicht nur Fakten, sondern es geht auch immer um die Bedeutung, die die Projektmitarbeiter ihnen verleihen. Beim Erzählen der Geschichte des Projekts stellen die Projektmitglieder die Dinge in einen Zusammenhang, sie interpretieren sie und geben ihnen damit Bedeutung. Die Erfahrung, dass Menschen beim Erzählen über die Projektvergangenheit Zusammenhänge unterschiedlich interpretieren und den diversen Fakten je unterschiedliche Bedeutungen zuschreiben, wird bei der so genannten Storytelling-Methode[1] genutzt.

Sich die Vorgeschichte und die Entwicklung eines Projektes im Rahmen eines Workshops zu erzählen, die Handlungsalternativen der Vergangenheit aus verschiedenen Perspektiven sich noch einmal zu vergegenwärtigen, kann festgefahrene Handlungsmuster und Sinnzuschreibungskonzepte überwinden helfen. Im Verlauf dieses Workshops werden Fakten und erzählte Geschichten über das Projekt in ein neues, produktives Verhältnis zueinander gesetzt. So entwickelt der Workshop die Möglichkeit, ein in die Krise geratenes Projekt wieder zu neuem Leben zu erwecken und erfolgreich abschließen zu können. Es entstehen nämlich neue Geschichten von neuen Regeln, Rahmenbedingungen und Handlungsoptionen, die den Wandel beschleunigen. Vor dem Hintergrund einer anderen Deutung der Fakten wird eine andere Geschichte erzählt, und damit kann sich die Realität im Sinne einer lernenden (Projekt-)Organisation verändern. Für einen solchen Workshop werden etwa drei bis vier Stunden benötigt. Zum Einstieg erklärt ein externer Projektsupervisor dem Projektteam, dass es um die Reflexion der Projektgeschichte geht. Dabei steht die Auswertung der jeweiligen Erfahrungen im Vordergrund. Ziel ist es dabei, die Zusammenarbeit im Projekt zu optimieren und neue Handlungsoptionen für die anstehende Zukunft gemeinsam zu erarbeiten. Das Team beginnt, die bisherige Projektgeschichte gewissermaßen durch eine kollektive Erzählung zu reflektieren.

Die Erzählphase beginnt mit Fragen wie: *„Was war am Anfang wichtig?; Was ist Ihnen aus der Anfangsphase noch im Gedächtnis geblieben?"* Der Projektsupervisor fasst dann im Verlauf die wichtigsten Ereignisse, Entscheidungen und Handlungen aus den Erzählungen in Stichworten zusammen. Das Ganze wird dann auf Metaplankarten an der Pinwand gesammelt und über einen Zeitstrahl geordnet. Der zweite Schritt in dieser Erzählphase geht mit den Fragen: *„Wie ging es dann weiter?"* oder *„Was ist seither passiert?"* weiter. In der anschließenden Reflexionsphase bietet sich die Gelegenheit, dem Projektteam Zusammenhänge des bisherigen Projekts verdeutlichen zu können. Im anschließenden Schritt werden dann die zukünftig relevant werdenden Handlungsspielräume ausgelotet.

6.2   Projektsupervision bei neu aufzusetzenden Projekten

Hier hat sich ein Workshop als Projekteinstieg in der Praxis bewährt, indem die Erwartungen, die die einzelnen Projektbeteiligten haben, gegenseitig abgeklärt werden können.[2] Jeder Teilnehmer erfährt dabei aus erster Hand und unkommentiert von anderen Beteiligten, was andere Projektmitglieder oder sonstige Beteiligte aus dem Unternehmen, wie beispielsweise Entscheider, vom Projekt erwarten. Die Teilnehmer entwickeln so ein vertieftes Verständnis dafür, wie die individuellen Bedürfnisse[3] sinnvoll synchronisiert und auf das Unternehmensziel abgestimmt werden können. Zu diesem Workshop sind alle Projektbetroffenen einzuladen. Mit Hilfe der Mind-Mapping-Methode oder der moderierten Kartenabfrage wird ein maximales Inputniveau erreicht, mit dem weitergearbeitet werden kann. Die Ergebnisse werden mit dem Projektteam nach folgenden Kriterien analysiert:

- Wer hat welche Erwartungen und Bedenken?
- Nach welchen Kriterien messen Auftraggeber und Betroffene den Projekterfolg?
- Gibt es technische Einschränkungen?
- Welche Kosten werden vermutlich anfallen und welche Ressourcen werden benötigt?
- Welche Projektrisiken existieren und welche Risikomanagementstrategien lassen sich skizzieren?

Aus dieser Analyse erarbeitet das Projektteam einen Vorschlag für eine Zielvereinbarung mit dem Auftraggeber. Dabei kann sich das Projektteam von folgenden Prüfsteinen leiten lassen:

- Mögliche Projektergebnisse (inklusive Alternativen)
- Mögliche Vorgehensweise (inklusive Alternativen)
- Zu erwartende Kosten und Aufwandsarten
- Notwendige Ressourcen
- Bewertung der Handlungsoptionen
- Erläuterung der favorisierten Handlungsoption; Vorgehen und Ergebnis
- Anforderungen an die Mitwirkung des Auftraggebers (Promotorenrolle).

Im Anschluss daran erarbeitet die Projektgruppe die endgültige Zielvereinbarung in einer schriftlichen Form mit dem Auftraggeber aus. Darin sollten dann folgende Punkte überprüfbar („*Pflichtenheft*") beschrieben sein:

- Umfang der Aufgabe
- Qualitätskriterien
- Termine und Meilensteine
- Kosten, Ressourcen und Aufwandsarten
- Erfolgskriterien
- Priorisierung
- Reflexion der Ergebnisse.

Auch im Anschluss an diese Arbeit ist eine Reflexionsrunde mit dem Projektteam und den Teilnehmern des Erwartungsworkshops sinnvoll und notwendig. Denn die betroffenen Beteiligten sollen erfahren, was aus ihren Erwartungen und Ideen geworden ist und warum bestimmte Anforderungen nicht in die Zielvereinbarung aufgenommen worden sind. In einem zweiten Schritt startet nach der Reflexionsrunde der Projektleiter mit dem Projektteam die eigentliche Projektstartveranstaltung. Die Leitlinie zur Durchführung einer solchen Startveranstaltung kann folgendermaßen zusammengefasst werden:

- Integration und Information
- Identifikation
- Initiative

Ziel dieser Startveranstaltung ist die Erarbeitung eines gemeinsamen Bedeutungsspeichers von Begriffen und Vorhaben, die für die weitere Projektarbeit von Bedeutung sind. Die Reflexionsfrage dafür lautet: *„Ist der Teamfindungsprozess so abgelaufen, dass damit eine tragfähige Basis für eine erfolgreiche Zusammenarbeit gelegt werden konnte?"*

Fehler in der Projektsupervisionsarbeit können schnell Krisen hervorrufen oder bereits vorhandene verstärken. Die Supervisionsarbeit in Projekten ist keineswegs ein perfektes Verfahren mit hundertprozentigen *„Rezepten"* oder einer *„Erfolgsgarantie"*. Entscheidend ist jedoch, mit welcher Haltung der Projektsupervisor mit den immer wieder auftretenden Schwierigkeiten umgeht. „Fehler" enthalten – wenn man sie gemeinsam reflektiert – Lernmöglichkeiten und sind damit korrigierbar. Die notwendige Bedingung für diesen reflexiven Lernprozess ist jedoch, dass alle Beteiligten offen darüber sprechen können. Die Erfahrung zeigt: Krisen in der Beziehung zwischen den Projektteammitglieder zeigen sich am ehesten an den Rahmenbedingungen der Projektarbeit: Vergessen von Terminen oder Aufgaben, Verspätungen, Terminschwierigkeiten, fluktuierende Teilnehmerzahlen u.v.a. Aus diesem Grund haben Rahmenkonflikte für den Projektsupervisor Bearbeitungsvorrang. Diese reflexive gemeinsame Bearbeitung der Rahmenkonflikte erweist sich nach ihrer Klärung häufig erstaunlicherweise als besonders fruchtbar. Gleichwohl ist die Projektsupervision kein allzuständiges *„Wundermittel"*, denn sie ist nur bedingt in der Lage, Probleme, die durch unzureichende Bereitstellung personeller Ressourcen oder durch mangelnde finanzielle Ausstattung des Projektteams entstanden sind, zu beheben.

6.3 Projektsupervision und Führung

6.3.1 Führungsverhalten und Führungsstil

Der Nutzen für die Beteiligten ergibt sich daraus, dass sie ihren individuellen Führungsstil unter professioneller Leitung reflektieren und dabei auf ihre *„blinden Flecken"* stoßen, die in nachhaltige Veränderungen transformiert werden können. Durch den Erfahrungsaustausch in den Reflexionsrunden bauen sie einerseits ein wertvolles Beziehungsnetzwerk auf und andererseits lernen sie aus den Erfahrungen anderer Projektleiter. Sie erfahren, wie sie mit Druck in Projekten sinnvoll umgehen können und wie mit einem komplexen Projektumfeld umgegangen werden kann. Darüber hinaus ist ein weiterer zentraler Nutzen der konstruktive Umgang mit Hindernissen und Widerständen in ihren Projekten. Führung im Projekt heißt nicht, im Detail besser zu sein als die Projektmitarbeiter und gleichzeitig mit diesen zu wetteifern, wer am meisten und längsten arbeitet. Statt dessen geht es darum, Aufgaben gezielt und wertschätzend zu delegieren, Kontakte zu pflegen, Personalfragen zu klären und Ressourcen bereitzustellen, ansprechbar zu sein, auch wenn es im Projektverlauf zeitkritisch wird. Eine Führungspersönlichkeit im Projekt (Projektleiter) zeichnet sich durch folgende Eigenschaften aus:

- Kompetenz und Energie, d. h. Steuerungs- und Prozesswissen, sowie Methodenkompetenz und strategische Fähigkeiten (ab 7 Projektmitarbeiter darf er sich nicht mehr selbst mit in die konkrete Projektarbeit einplanen, um die Steuerungsfunktion nicht zu vernachlässigen).

- Sympathie, d. h. der Projektleiter sollte ein *„richtig netter Mensch"* sein.

- Ausstrahlung, d. h., dass er über ein attraktives Erscheinungsbild verfügt.

Führungskompetenz des Projektleiters zeigt sich durch Beachtung folgender Punkte:

- Die Wichtigkeit und Dringlichkeit sind abzuschätzen.

- Es sind alle Informationen, die für die Entscheidung notwendig sind, umgehend einzuholen.

- Alle Möglichkeiten/Szenarien auflisten.

- Konzentration auf die Recherche als Entscheidungsvorbereitung und nicht *„grübeln darüber, warum das so schwierig ist"*.

- Kreative Suche nach weiteren Handlungsoptionen.

- Auf die intuitive innere Stimme hören.

- Einen genau definierten Zeitpunkt der Entscheidung festlegen und dann auch zu diesem Zeitpunkt entscheiden.
- Nach der Entscheidung dieselbige ruhen lassen.
- Vor großen Entscheidungen noch einmal eine Reflexionspause einlegen.
- Nach der Entscheidung die Sache auch - formal - abschließen.

Führungskompetenz des Projektleiters ist für einen geregelten Projektablauf durch fortlaufende Kontrolle der Aufgabenbereiche unabdingbar. Sollten im Ablauf Störungen auftreten oder die Disziplin im Projektteam nachlassen, ist Führung „*angesagt*". Der Projektleiter darf in solchen Situationen nicht zu lange warten und tatenlos zusehen. Insbesondere dann, wenn in der Gruppe die Wahrnehmung vorherrscht, dass ein Nichterledigen übertragener Aufgaben, Termine etc. unkommentiert geduldet wird. Ein anderer wichtiger Fall für Führungskompetenz ist dann, wenn Teammitglieder für andere – angeblich wichtigere Aufgaben – (plötzlich) abgezogen werden. Auch dies darf der Projektleiter nicht zulassen und muss sofort reagieren, indem er den Projektlenkungsausschuss einberuft, denn das Projekt hat Vorrang. Sollte es im Lenkungsausschuss zu Änderungen kommen, ist es ratsam, dass der Projektleiter diese Änderungsentscheidungen, die sich auf die Projektaufgaben auswirken, schriftlich dokumentiert.

Die Wahrnehmung von individueller Führungsverantwortung als Projektleiter ist eine Kunst, denn die Kenntnisse von Regeln und das Wissen um Zusammenhänge sowie Abläufe bilden lediglich die Voraussetzungen für eine angemessene Verantwortungsübernahme[4]. Derjenige, der seine Verantwortung nicht wahrnimmt, der betrügt und schädigt sich selbst. Individuen, die ihrem Gewissen als einer Art „*innerer Gerichtshof*" (Immanuel Kant) folgen, versetzen sich in die Lage anderer Menschen und Situationen und können damit die relevanten Zusammenhänge besser verstehen, weil es sie mehr angeht. Damit sind aber noch nicht notwendigerweise bessere Entscheidungen getroffen, doch die Chance dazu steigt um ein Mehrfaches. Die potentielle Gefahr für einen führungsschwachen Projektleiter, der Vieles durch die Gruppe regeln lassen will, besteht darin, dass sich keiner mehr verantwortlich fühlt. „*Wo alle verantwortlich sind, ist es letztlich keiner mehr, weil jeder sich auf den anderen berufen, sich hinter ihm verstecken kann.*"[5]

Bei genauerer Betrachtung kann häufig wahrgenommen werden, dass den meisten Menschen der Blick für das Gemeinwesen und den Gemeinsinn verstellt ist. Wenn schon die menschliche Einsicht unsicher ist und bleibt, dann scheint die gemeinschaftliche Vernunft auf dem Weg zum Gemeinsinn wenigstens den Vorteil zu haben, die Fehler der Bewertungen einzelner Gruppenmitglieder ausgleichen zu können.[6] Führungsverantwortung und die damit verbundenen Entscheidungen haben mit zunehmenden Wahlmöglichkeiten zu tun, worin wiederum Freiheit zum Ausdruck kommt. Wahlmöglichkeiten müssen nach *Ralf Dahrendorf* einen Sinn haben⁷, was aber nur dann der Fall ist, wenn die Wahlchancen in Wertvorstellungen eingebettet sind, die Maßstäbe liefern. So wie bei den einzelnen Individuen gibt es auch in Organisationen eine geistige Welt, die aus unterschiedlichen Denk- und Sprachmustern besteht. Ohne dass diese expressis verbis formuliert und zum Nachlesen niedergelegt sind, bilden sie dennoch bei den betroffenen Beteiligten einen gemeinsamen geistigen Werte-Hintergrund, der die individuelle und situative Wahrnehmung prägt und Entscheidungen beeinflusst. Wenn es in Organisationen um nachhaltige Veränderungen - etwa in Form eines Projektes - geht, dann gilt es auch, diese gemeinsam geteilten Denk- und Sprachmuster in einer wertschätzenden Form durch den Projektleiter offen zu legen, sie gegebenenfalls gemeinsam neu zu formulieren und einen gemeinsamen Bedeutungsspeicher zu erarbeiten. Dieses Bemühen um ein andersartiges integrierendes Denken wurde in der Vergangenheit vielfach vernachlässigt mit der Konsequenz, dass die vertrauten Denk- und Sprachmuster beibehalten wurden oder schlussendlich an ungeeigneter Stelle auftauchen und damit zu Veränderungshemmnissen werden bzw. geworden sind. Des Weiteren haben sich die Entscheidungen, die im Rahmen eines Projektes zu treffen sind, an den übergeordneten Zielen, Visionen und Strategien der in Rede stehenden Organisation zu orientieren, und darüber hinaus bedarf es erfahrungsgemäß zwingend auch einer emotionalen Zustimmung der im und vom Projekt betroffenen Beteiligten.

Trotz der Bemühungen von Projektleitern als Führungskräfte sichere Entscheidungen zu fällen, bleibt die Erkenntnis, die auf den deutschen Universalgelehrten *Gottfried W. Leibniz* zurückgeht: Erkenntnis kann das Individuum nur durch Entscheiden, Denken, Zweifeln und Handeln erreichen. Das erfolgreichste Entscheidungsverfahren ist die Vorhersage zukünftiger Phänomene und Entwicklungen aus Vergangenem und Gegenwärtigem. Dies allein ist selbstverständlich noch kein sicherer Hinweis, sondern diese Vorgehensweise in der Entscheidungssituation führt die Führungskräfte lediglich zu einer *„bedingten Weisheit"*. Entscheidungssicherheit ist demzufolge ein Widerspruch in sich.⁸

Und so sind wir wieder, insbesondere bei Entscheidungen über die zukünftig wirkenden Handlungsoptionen, am sozialen Prozess der Gemeinsinn-Entwicklung angelangt. Ein erfolgreiches Projekt ist demzufolge das Ergebnis eines erfolgreich verlaufenen sozialen Lernprozesses in einer Projektgruppe.

6.3.2 Mediation als Konfliktmanagementmethode in einem Projekt

Konflikte⁹ entstehen in einem Projekt durch Missverständnisse, weil Projektgruppenmitglieder aneinander vorbeireden, es sehr häufig nicht klar ist *„um was es eigentlich geht"*, das in Rede stehende Problem nicht scharf umrissen ist, weil die gegenseitige Achtung und Wertschätzung nicht gegeben ist, weil einige Mitglieder allzu schnell mit Schuldzuweisungen den Eigenanteil kaschieren und weil schlussendlich unterschwellige emotionale Aggressionspotentiale zum Ausdruck kommen. Mit anderen Worten ist gerade für das Projektmanagement Kommunikation ein zentrales Thema. Idealerweise ist der Projektmanager – das hat sich in der Praxis immer wieder als eines der zentralen Gründe für das Scheitern von Projekten herauskristallisiert – ein ausgebildeter Mediator, der über eine wertschätzende Haltung den Umgang mit Konflikten vorlebt. Häufig geht es in einem ersten Schritt darum, die eigene Wahrnehmung und die der Teammitglieder zu schärfen und sich selbst und die Kommunikationspartner in einer Projektgruppe im Umgang mit einem Konflikt zu beobachten. Entscheidend ist an dieser Stelle, dass am Anfang lediglich Zahlen, Daten und Fakten genannt werden, ehe man zu einer individuellen Interpretation derselben schreitet. Dabei ist es wichtig, darauf zu achten, dass die Beobachtungen wertfrei in der Gruppe formuliert werden. Jegliche Schuldzuweisung, Bewertung oder verletzende Kritik ist zu vermeiden – das ist eine Hauptaufgabe des Projektleiters. Weiter hat der Projektleiter darauf zu achten, dass jedes Projektmitglied seine individuelle Sicht der Dinge ohne Unterbrechung darlegen kann und die anderen Mitglieder erst einmal zuhören. Der Projektleiter kann beispielhaft von sich selbst und seinen Empfindungen in solchen Situationen sprechen und versuchen damit herauszufinden, was in der konkreten Situation „nicht stimmt", indem er seine Empfindungen zum Thema für die Gruppe macht. Diese Vorgehensweise erfordert natürlich Mut, sich als „verletzlich" zu zeigen. Achtungsvolle glaubwürdige Kommunikation ist ein Lernprozess in kleinen Schritten, der durch Vorleben angestoßen werden kann.

Je komplexer die Aufgabenstellung und je höher der zeitliche Druck in einem Projekt ist, desto mehr wird Konfliktlösungskompetenz zur entscheidenden Kernfähigkeit des Projektleiters. Die Mediationskompetenz zu leben, bedeutet zuallererst, sich Konflikten in Projekten zu stellen. Individualität heißt Differenz, Subjektivität heißt Dissens. Aus diesem Grund ist der Konflikt in einem Projektteam das Natürlichste der Welt. Mit anderen Worten: Er ist die Regel und die Harmonie ist die Ausnahme in Projektteams. Das bedeutet im Umkehrschluss, dass die Projektharmonie den Projektumständen mühsam mittels Mediationskompetenz immer wieder hergestellt werden muss.

Konflikte haben mit unterschiedlichen Erwartungen und Bedürfnissen der Beteiligten zu tun: mit den individuellen, fremden, expliziten, unausgesprochenen und den uneingestandenen. Und letztere haben stark damit zu tun, wie wir von anderen Teammitgliedern wahrgenommen werden und behandelt werden wollen. Alle Konflikte kreisen um dieses Thema. Dass das jeweils andere Teammitglied nicht in dem relevanten Projekt ist, um nach unseren individuellen Erwartungen sich zu verhalten, ist eine reife Erkenntnisleistung des Einzelnen.[10] Folgende Konfliktsignale können als Ansatzpunkte für Projektsupervision[11] betrachtet werden:

1. Schlechte Teamstimmung durch
   - aggressiven Kommunikationsstil;
   - verhärtete Diskussionen, d.h. die Kommunikation dreht sich im Kreis;
   - Killerphrasen, Schlagworte „unter der Gürtellinie";
   - Themen zerreden;
   - keine Kompromissbereitschaft;
2. Sich zurückziehen
   - Weigerung, Aufgaben zu übernehmen und Verweis auf andere;
   - Abwesenheit;
   - Unaufmerksamkeit, Passivität, Vermeidung von Augenkontakt;
   - Flucht in andere Arbeiten außerhalb des Projektes;
   - heimliche Blockaden: Aussagen und Handeln klaffen auseinander;
3. Nicht eingehaltene Vereinbarungen
4. Unpünktlichkeit
5. Unzuverlässigkeit.

Konflikt scheint in fast allen Organisationen ein Unwort zu sein, gleichsam etwas, dem man gerne aus dem Weg geht. Die Konsequenz zeigt sich häufig in einer *„Harmoniesucht"*. Der Hang zu Konformismus in Projektgruppen mit einem übersteigerten Sicherheitsbedürfnis durch den reichlichen Gebrauch von „Puffern" legt sich wie Mehltau über viele Projektteams und Organisationen, bis zur völligen Lähmung. Hartnäckig hält sich insbesondere in Deutschland das Vorurteil, dass das harmonische Zusammenspiel in Projekten den Zusammenhalt garantieren würde. Nur ganz vereinzelt wird den Mitgliedern deutlich, dass gerade der Umgang mit Konflikten in Projektteams den eigentlichen sozialen Kitt bildet. Vor diesem Hintergrund sind Konflikte nicht das Ende des Denkens, sondern sein Anfang. Systemisch gesehen, ist konfliktäres Verhalten ein sinnvoller Beitrag zum gemeinsam aufrechterhaltenen Projekt-Status-Quo. Es nutzt den Beteiligten, denn sonst würden diese sich schlicht anders verhalten. Aus dem Umkehrschluss lässt sich wiederum eine (systemisch) interessante Frage ableiten: *Was tue ich dazu, dass sich das andere Teammitglied so verhält, wie es sich verhält?* Die Schlussfolgerung dazu lautet: Wenn ich das Verhalten meines Projektteamkollegen ändern will, muss ich mein Verhalten ändern. Woraufhin der andere sich, so können wir nur hoffen, sinnvoll anpasst. Warum sollte der andere dies tun? Weil das neue angepasste Verhalten ihm deutlich mehr Nutzen und damit Vorteile bringt als das alte.

Viele Konflikte in Projekten lassen sich als *„Spiele um Aufmerksamkeit und Wertschätzung"* interpretieren. Sie werden inszeniert, um auf der Projektbühne Reaktionen zu erzeugen, die auf die eigene Wichtigkeit und *„ohne-mich-geht-es-nicht-Haltung"* hinweisen und, meist eher unbewusst, andere Projektgruppenmitglieder herabsetzen. Eine interessante Frage ist, was wäre, wenn es keine (Projekt-)Bühne gäbe? Für Konflikte gilt der systemische Grundsatz: Die Beschreibung des Problems durch die Projektgruppenmitglieder ist das eigentliche Problem. Denn wenn jemand eine Problemlösung vorschlägt, dann will er zunächst seinen individuellen Vorteil gewahrt wissen. Faktisch ist dasselbe Teammitglied nur dann bereit, in einen Konflikt einzusteigen, wenn es sich davon, bewusst oder unbewusst, einen Vorteil verspricht. Wann immer jemand dem Projektleiter ein Problem im Projekt erzählt, möchte er tendenziell den *„Chef"* dazu verführen, seine Weltsicht anzunehmen.

Nur Projektaufgaben, die jedes Gruppenmitglied auf sich selbst bezieht, wo ein gemeinsamer Bedeutungsraum entwickelt werden konnte und deren Lösungen alle (wirklich) gemeinsam wollen, rufen eine Projektkultur hervor, in der eine Verbindlichkeit auf Vertrauensbasis für alle entsteht. In einem Konflikt innerhalb eines Projektes kann ich mit meinem stärksten Widersacher verbunden fühlen, gerade deswegen, weil der Konflikt im Projektumfeld („außen") größer ist als der Konflikt im Projekt selbst („innen"). Sollten aber Konflikte nicht wirklich für den Projektfortschritt wichtig sein und gleichzeitig von den Beteiligten nicht als lösbar wahrgenommen werden, dann werden *„psychologischen Spielchen"* gespielt und zwar bis hin zu Mobbing.

Ist jedoch ein Konflikt in einem Projekt wirklich wichtig und bindet er viel Energie, dann kann einen Konflikt lösen auch heißen: den Konflikt überwinden durch Loslassen, indem sich ein Konfliktbeteiligter auf die Seite der stoisch Unbeteiligten stellt. Dies ist eine individuelle Freiheit, die nicht nur jedes einzelne Gruppenmitglied hat und derer sich jeder von Zeit zu Zeit erinnern sollte. Wer seine Freiheit in dieser Form nicht leben kann oder will, der sollte besser aus dem Projekt aussteigen. Mit anderen Worten: entweder selbst gehen oder den/die anderen gehen lassen. Die Alternative in einem Projekt sieht häufig so aus, dass sich Mitglieder in die Anpassung („Kuschelecke") retten. Häufig verwechseln dann Projektleiter diese Form der *„Anonymität der Anpassung"* als *„Konfliktlösung"* und nicht richtigerweise als fehlende Konsequenz in der Projektführung. Ein erfolgreiches Projekt beruht nicht auf der vordergründigen Suche nach Konsens, sondern auf der Einübung in den konstruktiven Umgang mit den Paradoxien und Widersprüchen des (normalen) Projekt(er)lebens. Weitere Interventionsmöglichkeiten zur Konfliktlösung in Projekten durch Supervision können sein:

- Gruppen- und Einzelgespräche mit den Konfliktbeteiligten: Konflikt offen zur Sprache bringen (Metakommunikation: d.h. Sprechen darüber, wie in der Projektgruppe kommuniziert wird;

- Rollen klären (Kompetenzen und Aufgabenabgrenzung);
- Konfliktverursacher austauschen;
- Projekt abbrechen;
- neue Spielregeln vereinbaren.

Die wahren Schwierigkeiten in Organisationen werden sich in Zukunft verstärkt darum ranken, wie es gelingen kann, in wichtige Projekte diejenigen Menschen zu bekommen, die wirklich kompetent, willig und konfliktfähig sind. Nur von solchen Menschen können wir Lösungen und Vorschläge für sinnvolle Handlungsoptionen erwarten, die das Überleben der gesamten Organisation ermöglichen.

6.3.3 Narratives Projektmanagement [12]

Jeder, der in einem Unternehmen schon einmal ein Projekt „live" miterlebt und mitgetragen hat, weiß, dass ein Projekt seine eigene „Dramaturgie" hat: Das mit dem Projekt zusammenhängende Management sieht einzelne Projekt- und Prozessschritte vor, die systematisch nacheinander abzuarbeiten bzw. zu durchlaufen sind. Die einzelnen Phasen benötigen unterschiedliche Zeitkontingente und überlappen sich in häufig vielfältiger Weise. Gleichzeitig kann der Projektleiter nicht beliebig schnell vorgehen, sondern er hat Sorge dafür zu tragen, dass das Projekt von Mentoren unterstützt wird; die vorhandenen Projektgegner oder -skeptiker im Projektverlauf überzeugt werden, um schließlich das Projektergebnis dauerhaft im Unternehmen verankern zu können.

Die meisten Projektmanagement-Handbücher schlagen daher unterschiedliche Phasenmodelle zur Projektplanung vor. Erfahrungsgemäß abstrahieren diese Phasenmodelle von unternehmensspezifischen Gegebenheiten, Besonderheiten der Unternehmenskultur, so dass häufig diese „weichen" Unternehmensspezifika nicht genügend abgebildet werden. Das hat zur Folge, dass das Projektmanagement wie ein Korsett wirkt, welches zwar stützend den Projektprozess begleitet, aber auch die notwendige Bewegungsfreiheit im Projekt und für die Projektteammitglieder häufig unnötig einschränkt. In der Praxis hat sich eine Vorgehensweise bewährt, die sich einerseits als Grundlage für eine Projektplanung, Projektsteuerung, -umsetzung und andererseits für die Projektnachjustierung besonders eignet. Diese Vorgehensweise wirkt sowohl strukturierend und stützend für den Projektverlauf, gleichzeitig aber ist sie hinreichend flexibel und anpassungsfähig. Dieser Projektmanagementprozess ist ein Veränderungsprozess und gleichzeitig wie eine Geschichte aufzufassen – ja geradezu eine Reise ins Abenteuer für ein Unternehmen oder eine Organisation. Wenn sich ein Unternehmen in Gestalt einer Projektgruppe auf den Veränderungsweg macht und damit auf dem Weg zu einem

Wandel ist, beginnt eine Geschichte. Am Ende dieser Geschichte wird vieles anderes sein, das Unternehmen wird auf diesem Weg viele „*Abenteuer*" bestanden haben, Hindernisse, Gefahren und Schwierigkeiten überwunden und schließlich in irgendeiner Form Neuland betreten haben. Insofern folgt die Geschichte des Projektes einer bestimmten Dramaturgie, in die auch unvorhergesehene und auch unvorhersehbare Begebenheiten integriert werden müssen. Vor diesem gedanklichen Hintergrund hat sich das Modell des Drehbuchs bewährt, in dem der Projektmanagementprozess schon von Anfang an in der Planungsphase als Geschichte gedacht und flexibel geplant werden kann. In gewisser Weise kann der Projektmanagementprozess als ein „*Film*" in Form einer Szenario-Metapher aufgefasst werden, in dem jedes Projektteammitglied eine spezifizierte Rolle hat, um über das Projekt die Geschichte des Unternehmens neu zu schreiben.

Aus der wissenschaftlichen Mythenforschung ist bekannt, dass den meisten Erzählungen unterschiedlicher Kulturkreise die gleiche Grundstruktur, die Abenteuerreise des Helden, unterlegt ist und somit einerseits die Welt erklären hilft und Gemein-Sinn stiftend ist. Mit der Anwendung des Drehbuchs für die Abenteuerreise können Projektteammitglieder für die Reise in die unbekannte zukünftige Unternehmenswelt einerseits begeistert werden und andererseits hilft das Drehbuch bei der Projektplanung. Der Held dieser Geschichte ist gewissermaßen ein „*kollektiver Held*", nämlich das Projektteam. Im folgenden wollen wir die Struktur dieses „*narrative Projektmanagements*" phasenbezogen beschreiben:

1. Der Ruf des Projektabenteuers: Hier sieht sich das Unternehmen mit einer Veränderungsnotwendigkeit konfrontiert.

2. Die Weigerung in das Projekt einzusteigen: Innerhalb der Organisation sind Widerstände gegen die Veränderung und die damit verbundene Projektorganisation wahrnehmbar.

3. Begegnung mit dem Helfer: Das Unternehmen akzeptiert externe oder interne Unterstützung für den Projektprozess.

4. Der Weg der Prüfungen im Projekt: Es gilt eine Reihe von unerwarteten und nicht vorhersehbaren Hindernisse und „Schwellenhüter" zu überwinden.

5. Die entscheidende Projektprüfung: Ein singuläres Ereignis entscheidet über den Projekterfolg.

6. Die Belohnung: Das Projektziel ist erreicht.

7. Der Rückweg: Das Projektergebnis wird nachhaltig im Unternehmen integriert.

Berücksichtigt der Projektleiter in Zusammenarbeit mit dem Projektsupervisor Unerwartetes nach der Struktur des narrativen Projektmanagements, dann kann er/sie während des Projektprozesses achtsam sein und wird nicht von einem überraschend auftretenden Schwellenhüter „*aus der Bahn geworfen*". Darüber hinaus wird dann von den Projektverantwortlichen rechtzeitig daran gedacht, dass das eigentliche Ziel ohne die erfolgreiche Bewältigung des Rückwegs „*zerfließt*". Für die Anwendung des narrativen Projektmanagements ist es von entscheidender Bedeutung, dass dieses im Projektteam inklusive des Projektsupervisors vertraulich behandelt wird, damit über alles offen diskutiert werden kann. Am sinnvollsten ist es, wenn das Drehbuch gemeinsam mit der Projektgruppe unter Leitung eines Projektsupervisors zu Beginn eines Projektes geschrieben und zu Planungszwecken genutzt wird. Es kann aber auch in einem laufenden Projekt zu Reflexionszwecken genutzt werden, um zu sinnvollen Maßnahmenplänen kommen zu können, die bestehende Hindernisse überwinden helfen.

7 Anforderungen an den Projektsupervisor

„**Sehr viele Leute denken, dass sie denken,
wenn sie lediglich ihre Vorurteile neu sortieren.**"

William James, amerikanischer Philosoph und Psychologe (1842-1910)[1]

Die nachstehend genannten Fähigkeiten, Fertigkeiten und die Haltung eines Projektsupervisors haben sich in der Praxisanwendung herauskristallisiert, denn in den Projektsitzungen schwingen immer die unterschiedlichsten individuellen Haltungen, ethische Grundbefindlichkeiten und moralische Ansprüche mit, die bei nicht sachgerechter und professioneller Kommunikationssteuerung häufig genug zu Verletzungen der gegenseitigen Wertschätzung bzw. im schlimmeren Fall zu offenen Konflikten mit nachhaltig negativen Folgen für das Gruppenklima führen können.

- Allparteilichkeit
- Menschen- und lernorientierte innere Haltung
- Drückt keine fertigen Lösungen in das Projekt hinein
- Sorgt dafür, dass im Projekt der Gemeinsinn im Vordergrund bleibt
- Methodische Professionalität
- Geduld
- Spiegelt intuitive Eindrücke und gibt gedankliche Anregungen
- Ist mit sich selbst im Reinen, d.h. kennt seine eigenen mentalen Modelle und hat eine sehr hohe Übereinstimmung seines Selbstbildes mit den Bildern, die die Projektgruppen-mitglieder von ihm/ihr haben. Fühlt sich in seiner Rolle absolut sicher und „fließt" mit dem Projekt „mit".
- Soziale Kompetenz, gruppendynamische und systemische sowie gegebenenfalls auch therapeutische Erfahrung mit Individuen und Gruppen.
- Sehr hohe kommunikative Kompetenz.

Der Dialog des individuellen inneren Teams[2] ist eine genuin intuitive Methode und eignet sich besonders gut für Reflexionsprozesse in Projektteams. Die Projektteammitglieder werden systematisch durch den Projektsupervisor nach den jeweiligen individuellen *„inneren Teammitglieder"* abgefragt und setzen diese gefühlsmäßig in Beziehung mit der anstehenden Projektsituation. Hilfreiche Fragen dazu können sein:

- „Was sagt mein erfolgsorientierter Teil zur derzeitigen Projektsituation?"
- „Was meint der skeptische Teil dazu?"
- „Wie stellt sich der sicherheitsorientierte Teil dazu?"
- „Welche intuitive Meinung hat dazu der kämpferische Teil?"
- „Welches Gefühl stellt sich beim moralischen Teil ein?"
- „Was sagt der ängstliche Anteil?"
- „Was sagt der rationalistische (be-) rechnende Teil?"
- ...

Jeder der Projektgruppenmitglieder kann zunächst einmal unter Leitung des Supervisors sein individuelles Team zu jeder einzelnen Idee „befragen" und diese dann auf einem (Flipchart-) Blatt für alle anderen sichtbar skizzieren. Anschließend stellen die Gruppenmitglieder ihre Ergebnisse den anderen vor, und der Supervisor versucht ein gemeinsames Bild der Projektgruppensituation entstehen zu lassen. Bei der Supervisionsarbeit mittels der Methode des Dialogs des inneren Teams ist es wichtig, dass der Supervisor einen echten Kontakt zwischen den Gruppenmitgliedern herstellt und damit die Verletzung der Selbstachtung der Mitglieder verhindert. Es geht um die inneren Befindlichkeiten der beteiligten Menschen, ein ganz besonders sensibler Bereich, aber gerade für die Projektarbeit unerlässlich. Das Unbequemste bei Veränderungen, die im Rahmen von Projekten auftreten, ist es, das Bekannte aufzugeben und in Unbekanntes einzutauchen. Wir nehmen diese „Veränderungsschmerzen" als Sorge oder Unsicherheit wahr. In der Folge müssen wir „lediglich" unsere eigene Einstellung ändern und neue Verhaltensweisen dazulernen. Und das kann jeder[3]. Virginia Satir beschreibt so genannte fünf Freiheiten als Voraussetzung, damit in Projekten wertschätzend und zielführend kommuniziert werden kann. Die fünf Freiheiten[4] sind:

- *„Die Freiheit, das zu sehen und zu hören, was im Moment wirklich da ist."*
- *„Die Freiheit, das auszusprechen, was ich wirklich fühle und denke."*
- *„Die Freiheit, zu meinen Gefühlen zu stehen."*
- *„Die Freiheit, um das zu bitten, was ich brauche."*
- *„Die Freiheit, in eigener Verantwortung Risiken einzugehen."*

Nach unseren Erfahrungen und unserem Verständnis hat der Projektsupervisor die Aufgabe, diese fünf Freiheiten vorzuleben und sie den Projektgruppenmitgliedern zu ermöglichen und dies immer wieder mit der Unternehmensvision abzugleichen.

Immer wieder vergessen wird der nach unserer Erfahrung eminent wichtige formal saubere Abschluss eines Projektes. Dafür eignen sich situationsbezogene Abschlussrituale, die mit der formalen Rückgabe der Verantwortung nach Abschluss des Projektes an die Geschäftsleitung und die Würdigung der Leistung der Projektmitglieder einhergeht. Und danach gilt es für alle Beteiligten: Loslassen und die Ergebnisse umzusetzen.

Anmerkungen

2 Die Projektsituation heute

1. Fichtl (2002), S. 209

2. Die Untersuchung stammt von Prof. Dr. Gröger aus München. Vgl. dazu Garnitschnig/Schwarz (2005), S. 26

3 Motivorientierte Projektsteuerung durch Supervision

1. Vgl. Kluge (2002), S. 722

2. Die „offizielle" Definition von Projekt findet sich in der DIN 69900 und wird dort folgendermaßen gefasst: Ein Projekt ist ein Vorhaben, das im Wesentlichen gekennzeichnet ist durch:

   - Einmaligkeit der Bedingungen in ihrer Gesamtheit
   - Zielvorgabe
   - Zeitliche, finanzielle, personelle oder andere Begrenzungen
   - Hohe Risiken
   - Abgrenzung zu anderen Vorhaben und eine projektspezifische Vorgehensweise

   Die Laufzeit eines Projektes ist je nach Größe und Komplexität unterschiedlich. Jedes Projekt folgt einem bestimmten Zyklus, dem sog. „Projektlebenszyklus", d.h. das Projekt entwickelt sich in Stufen bzw. in Lebensphasen. Vgl. Boy/Dudek/Kuschel (2003), S. 28-32.

3. In der unternehmerischen Praxis findet sich eine Vielzahl von unterschiedlichen Projekten:

   - die Entwicklung eines neuen Produktes
   - die Reorganisation eines Produktionsbereiches
   - die Verlagerung eines Standortes
   - die Einführung eines neuen Managementinstruments
   - die Erarbeitung umfangreicher Analysen

   Auch wenn diese Projekte alle verschieden sein mögen, so haben sie dennoch gemeinsame Merkmale:

   - zeitliche Befristung

- Neuartigkeit der Vorgehensweise, die innerhalb der regulären Organisation nicht optimal bearbeitet werden kann
- Komplexität der Aufgabenstellung
- Interdisziplinarität der Aufgabe/Themenstellung/Problemdefinition
- Deutliche Abgrenzung vom Alltagsgeschäft, d. h. sie sind zu den Routineaufgaben zusätzlich zu erledigen

Projektgruppen weisen dabei folgende Merkmale auf:
- die Projektgruppe besteht aus drei bis neun Mitarbeitern/Personen
- die Gruppe wird i. d. R. nach fachlichen Aspekten zusammengestellt
- (meistens) aus den unteren und mittleren Führungsbereichen

Die Projektgruppe arbeitet so lange zusammen, bis das Projekt abgeschlossen ist.

4. Vgl. dazu allgemein zu Supervision *Belardi* (2002), S. 15. Supervision entstand ursprünglich in den Bereichen der Sozialarbeit und in der Psychotherapie und wird heute primär als Maßnahme in Unternehmen zur Personalentwicklung definiert.

5. Zur Abgrenzung der Projektsupervision zum Konzept „Kollegiale Beratung" ist ein begrifflich anders gefasstes Verständnis festzustellen. Dem Begriff „Kollegiale Beratung" liegt eine einfache und in Organisationen nahe liegende Idee zugrunde: Mitarbeiter in ähnlichen beruflichen Situationen beraten sich bei anstehenden Problemen gegenseitig. Unter „Kollegialer Beratung" versteht Tietze (2003; S. 11) *„ein strukturiertes Beratungsgespräch in einer Gruppe, in dem die Teilnehmer von den übrigen Teilnehmer nach einem feststehenden Ablauf mit verteilten Rollen beraten werden mit dem Ziel, Lösungen für eine konkrete Schlüsselfrage zu entwickeln."*

Das Konzept der kollegialen Beratung weist dabei folgende Merkmale auf:
- Kollegiale Beratung findet in (Projekt-)Gruppen statt
- Ein professioneller Berater/Coach/Trainer ist nicht anwesend
- Die Beratung erfolgt nach einem festen Ablaufschema
- Der Beratungsprozess und die eingesetzten Instrumente sind allen Teilnehmern bekannt
- Es gibt eine klare, von allen Beteiligten akzeptierte Rollenverteilung. Alle betroffenen Beteiligten sind aktiv in den Prozess eingebunden
- Es werden Lösungen für eine konkrete (Projekt-) Situation in einer Organisation entwickelt

Das Konzept der kollegialen Beratung eignet sich im Projektzusammenhang insbesondere für die Entwicklung und Förderung der Projektleitungs- und Führungskompetenzen. Darüber hinaus kann sie bei der systematischen Förderung von Nachwuchs-Projektleitern sehr gute Dienste leisten.

Grenzen sind der kollegialen Beratung dort gesteckt, wo es um generelle Organisations- oder Führungsfragen geht wie beispielsweise *„Wie kann eine Organisation die entsprechende Haltung oder das Bewusstsein für Projektmanagement entwickeln?"*. Immer dann wenn fachlicher Input oder spezielles - d.h. auf Projekte bezogenes - Prozessfachwissen gefragt ist, ist die kollegiale Beratung systematisch überfordert. Es ist in solchen Fällen dringend davon abzuraten, das Konzept der kollegialen Beratung anzuwenden und damit strukturell zu überfordern. Dies ist besonders häufig dann der Fall, wenn aus Kostenüberlegungen von einer externen Unterstützung abgesehen und alles *„intern geregelt"* werden soll. Erfahrungsgemäß geht das schief. Ineffektivitäten und Frustrationen sind dann regelmäßig in Organisationen wahrzunehmen. Meist hält dies über eine lange Zeit an und verhindert unnötigerweise dann dringend notwendige Veränderungsprozesse, oder die kollegiale Beratung „verkommt" zu einem inhaltsleeren Ritual ohne konkreten Nutzen für die Organisation.

Von der Anwendung der kollegialen Beratung ist auch dann (dringend) abzuraten, wenn

alle betroffenen Beteiligten gleichermaßen von dem anstehenden Problem betroffen sind;

- Konflikte zwischen den betroffenen Beteiligten bestehen;
- private Themen im Raum stehen;
- es um heikle Fragen geht, die besser mit anderen Instrumenten, wie beispielsweise Einzelcoaching, zu bearbeiten sind.

Darüber hinaus ist zu beachten, dass eine kollegiale Beratungsgruppe kein Entscheidungsgremium in Organisationen ist und sein kann. Projektleiter oder Führungskräfte entbinden sich nicht durch das Einbringen eines *„Falles"* in die kollegiale Beratung von der Verpflichtung und Verantwortung, die sie für ihr individuelles Tun besitzen. Vgl. *Tietze* (2003), S. 11-14.

6. Nach dem Anthropologen Gregory Bateson ist ein *„Kontext"* eine Vorstellung eines Musters in der Zeit. *„Kontext"* ist mit *„Bedeutung"* verknüpft. Ohne Kontext haben Worte und Handlungen überhaupt keine Bedeutung. Das gilt nicht nur für die menschliche Kommunikation mit Worten, sondern auch für alle Kommunikation schlechthin, für alle geistigen Prozesse – und damit auch für die Projektarbeit in KMU. Es ist mithin der Kontext, der die Bedeutung festlegt. Vgl. *Bateson* (2000), S. 24-26.

7. Der kanadische Philosoph Charles Taylor sieht den Dialog als das allgemeine Merkmal menschlichen Lebens, was er in Zusammenhang mit der Entstehung des menschlichen Geistes stellt, was nicht etwas Monologisches, sondern etwas Dialogisches ist. Die Stellung des Dialogischen wird im menschlichen Leben massiv unterschätzt. So ist es eine weit verbreitete Idealvorstellung, dass die Individuen Beziehungen zu anderen Menschen brauchen, um sich selbst zu verwirklichen. Für die Selbstbestimmung des Individuums scheinen die Mitmenschen keine Rolle zu spielen. Demgegenüber fokussiert Charles Taylor darauf, dass die individuelle Identität im Dialog mit anderen Menschen gebildet wird, d.h. in der Übereinstimmung oder Auseinandersetzung mit der jeweiligen Anerkennung der eigenen Person. Die individuelle Identität ist entscheidend abhängig von den jeweiligen dialogischen Beziehungen zu anderen. Vgl. *Taylor* (1996); S. 41-43.

8. Mediation oder Konfliktmediation bezeichnet eine methodische Vorgehensweise zur Konfliktlösung, in der ein allparteilicher Dritter ohne Entscheidungsgewalt und Ergebnisverantwortung versucht, streitende Parteien in einem Prozess zur Konsensbildung für genau abgegrenzte strittige Fragen zu helfen. Eine erste Einführung zur praktischen Anwendung der Mediation im unternehmerischen Kontext bietet *Altmann/Fiebiger/Müller* (1999).

4 Projekte in der unternehmerischen Praxis

1. *Fichtl* (2002), S. 210

2. Vgl. zu den folgenden Ausführungen *Birkenbihl* (2002), S. 135-148 und *Nørretranders* (1997)

3. Vgl. *Nørretranders* (1997), S. 566

4. Die Wortbedeutung von „*Haltung*" geht auf griechischen Ursprung zurück und bedeutet dort „*antreiben, bewegen*". Das beschreibt genau das, um was es m.E. eigentlich geht: Haltung ist etwas, was die Menschen im Innersten bewegt und antreibt. Vgl. *Kluge* (2002); S. 387.

5. Um den Sinn von etwas zu verstehen, müssen wir es in Beziehung zu anderen Dingen in seiner Umwelt, in seiner Vergangenheit oder in seiner Zukunft setzen. Nichts ist an sich sinnvoll. Sinn leitet sich aus einem allgemeinen Zusammenhang ab. Wenn der Kontext einer Idee oder eines Ausdrucks Beziehungen einschließt, die uns selbst betreffen, wird er für uns auf eine persönliche Weise sinnvoll. Dieses tiefere Gefühl von Sinn enthält eine emotionale Dimension und kann sogar den Verstand völlig umgehen. Etwas kann für uns zutiefst sinnvoll sein durch ein direktes Erleben von Zusammenhang. Sinn ist wesentlich für uns Menschen. *Capra* (2002), S. 117. Das

Kreativitäts- und Lernpotential einer Organisation lässt sich am effektivsten erhöhen sowie dynamisch und lebendig erhalten, wenn ... Unternehmen den sozialen Raum bieten, in dem informelle Kommunikationen gedeihen können. Wir müssen sie nicht drängen, antreiben oder drangsalieren, damit sie sich ändern. Hier geht es nicht um Kraft oder Energie, sondern um Sinn. Sinnvolle Störungen erregen die Aufmerksamkeit der Organisation und lösen strukturelle Veränderungen aus. *Capra* (2002), S. 150.

6. Vgl. zu den folgenden Überlegungen *Goldratt* (2002)

7. Vgl. *Baecker* (1999), S. 184-190 und *Gessmann* (1999), S. 39-45

5 Projektmanagement: neu gedacht

1. Eine echte Auslese für ein gut harmonisierendes und leistungsfähiges Projektteam will zugleich wachsen und gut gepflegt sein. Insofern kommt der alte/neue Elitebegriff hier wieder zum Tragen: Elite im Sinne von Qualität in erster Linie und dann in der Bedeutung von Macht und Bedeutung im Unternehmen. Eine Elite – oder ein Projektteam - ist zugleich eine Gemeinschaft der Besten: geprägt von gemeinsamem Denken, Stil und einem abgestimmten Verhaltenskodex.

6 Projektsupervision: Durch(-)Führung

1. Vgl. *Frenzel/Müller/Sottong* (2004), S. 237-250

2. In der Regel sind Einzelinterviews als Alternative zu diesem Workshop ungeeignet, weil es auf die Dynamik in der Projektgruppe ankommt. Das lässt sich mit Einzelinterviews nicht adäquat abbilden.

3. Die menschlichen Bedürfnisse werden vom Psychoanalytiker und Sozialwissenschaftler Erich Fromm folgendermaßen beschrieben:

    1. Bedürfnis nach Bezogenheit

    2. Bedürfnis nach Transzendenz

    3. Bedürfnis nach verwurzelt sein

    4. Bedürfnis nach Identitäts- bzw. Einheitserlebnis

    5. Bedürfnis nach einem Orientierungsrahmen

    6. Bedürfnis nach einem Objekt der Hingabe

    7. Bedürfnis nach Wirkmächtigkeit
       Vgl. *Funk* (1978), S. 91-96

4. „Wer seiner Verantwortung ausweicht, verschwindet als Mensch". *Wehowsky* (1999); S. 7

5. *Wehowsky* (1999), S. 27

6. Vgl. *Wehowsky* (1999), S. 46

7. *Dahrendorf* (2003), S. 44

8. Vgl. *Poser* (1981), S. 378-404

9. Konfliktfelder in Projekten:

    a) Zielkonflikt, d.h. gegensätzliche Ziele und Interessen

    b) Beurteilungskonflikt, d.h. unterschiedliche Informationen und unterschiedliche Methoden

    c) Verteilungskonflikt, d.h. Diskrepanz zwischen verfügbaren Mitteln und Ansprüchen

    d) Wertekonflikt, d.h. unterschiedliche Werte

    e) Beziehungskonflikt, d.h. Antipathie, Vorurteile und Misstrauen
    Vgl. dazu *Boy/Dudek/Kuschel* (2003), S. 58.

10. In der Regel braucht man für diese Erkenntnis Narben, Falten und ein durch Selbsterfahrung gesättigtes Leben.

11. Vgl. *Boy/Dudek/Kuschel* (2003), S. 60

12. Vgl. zu den folgenden Überlegungen *Frenzel/Müller/Sottong* (2004): **Narratives Projektmanagement/Projektsupervision:** Begibt sich ein Unternehmen mittels Projektmanagement auf Abenteuerreise, sollten die Projektgruppenmitglieder auf die Begegnung mit Personen oder Personengruppen, die die folgenden Rollen ausfüllen, vorbereitet sein. Teilweise handelt es sich um Helfer, deren Potenziale von der Projektgruppe genutzt werden können, aber es gibt auf der anderen Seite auch Widersacher. Im Einzelnen können nach *Frenzel/Müller/Sottong* (*Seminarunterlagen* 2004) folgende Figuren/Rollen auf dem Projektweg auftrauchen:

    - **Der Herold:** Ruft die Projektgruppe zur Abenteuerreise und gibt den Anstoß für den Helden, um aktiv zu werden. Die Notwendigkeit des Veränderungsprozesses wird von ihm festgestellt.

    - **Der Mentor** (auch: weise alte Frau oder weiser alter Mann): Steht dem Projektteam als Helfer und Berater zur Seite.

    - **Der Schwellenhüter:** Versucht das Projektteam vom Projektziel abzuhalten. Schwellenhüter können in je unterschiedlicher Gestalt im Projektverlauf auch mehrmals auftauchen.

- **Der Gestaltwandler:** Hat mehrere Gesichter und im Projekt weiß man nicht genau, auf welcher Seite diese Personen in Wirklichkeit stehen.
- **Der Gegenspieler:** Die Ziele des Gegenspielers sind denen des Projektleiters genau entgegengesetzt. Es kann aber nur einer gewinnen.
- **Der Gefährte des Gegenspielers:** Helfer des Gegenspielers, der manchmal auch im Verborgenen bleibt.
- **Der Hüter des Horts:** Er ist ein Gegner der Veränderung und will, dass alles so bleibt wie es ist.
- **Der Verbündete:** Hilft dem Projektteam an einer entscheidenden Stelle, wo es nicht mehr weiterzugehen scheint.
- **Der Freund des Helden:** Ergänzt mit seinen Fähigkeiten und Fertigkeiten diejenigen des Projektleiters.
- **Der Gott auf tönernen Füßen:** Ein Mentor des Projektteams erweist sich in einer kritischen Projektsituation doch nicht als der Unterstützer, den man jetzt dringend gebrauchen könnte. Die Projektgruppe merkt, dass sie sich hinsichtlich des Einflusses des Mentors getäuscht hat.
- **Der Trickser:** Die eine Form des Tricksers ist die des offenen oder versteckten Gegners, der alle möglichen Tricks anwendet, Intrigen schmiedet oder Fallen aufbaut. In der anderen Form ist der Trickser ein Verbündeter des Projektteams, der mit allen Mitteln die Gegner bekämpft, aber häufig genug auch ethisch tragfähige Grenzen überschreitet und damit dem Projektteam mehr schadet als nützt.

7 Abforderungen an den Projektsupervisor

1. Fichtl (2002), S. 215
2. Eine praxisgerechte und leicht verständliche Einführung in die Arbeit mit dem „*Dialog des inneren Teams*" gibt Schulz von Thun, F./Stegemann, W. (2004)
3. Vgl. dazu das einfühlsam geschriebene Büchlein der Familientherapeutin Virginia Satir, die Wege beschreibt, Kontakt zu finden und Vertrauen aufzubauen. Dies gilt nach unserer Erfahrung nicht nur für Familien, sondern gerade auch im beruflichen Kontext und damit auch für Projektarbeit. Siehe Satir (2001), S. 26
4. Satir (2001), S. 27

Literaturempfehlungen

Altmann/Fiebiger/Müller:	Mediation: Konfliktmanagement für moderne Unternehmen; Weilheim 1999
Baecker, D.:	Die Form des Unternehmens; Frankfurt/M. 1999
Bateson, G.:	Geist und Natur; Eine notwendige Einheit; 6. Auflage; Frankfurt/M. 2000
Belardi, N.:	Supervision; Grundlagen, Techniken, Perspektiven; München 2002
Bildung: Wie das Lernen wieder Spaß macht;	Geo-Wissen; Heft Nr. 31; Hamburg 2003
Birkenbihl, V. F.:	Das innere Archiv; Offenbach 2002
Boy/Dudek/Kuschel:	Projektmanagement. Grundlagen, Methoden und Techniken, Zusammenhänge; 11. Aufl.; Offenbach 2003
Capra, F.:	Verborgene Zusammenhänge. Vernetzt denken und handeln – in Wirtschaft, Politik, Wissenschaft und Gesellschaft; München 2002
Ebers, T./Melchers, M.:	Vom Wert der Wertdebatte; Anmerkungen und Orientierung; Freiburg i. Br. 2002
Erfolgreich durch Lernen:	Innovationstechniken Zukunftskonferenz, Projektmanagement, KVP, Gruppenarbeit; hrsg. vom Rationalisierungs- und Innovationszentrum der Deutschen Wirtschaft (RKW); Köln 1999
Fichtl, G.:	Zitate für Beruf und Karriere; 2. Aufl., Planegg b. München 2002
Frenzel/Müller/Sottong:	Storytelling; Das Harun-al-Raschid-Prinzip; Die Kraft des Erzählens fürs Unternehmen nutzen; München 2004
Fromm, E.:	Authentisch leben; 2. Auflage; Freiburg 2000
Funk, R.:	Mut zum Menschen. Erich Fromms Denken und Werk, seine humanistische Religion und Ethik; Stuttgart 1978

Garnitschnig / Schwarz:	Coachment. 7 Schritte zum Erfolg; Nürnberg 2005
Gessmann, M.:	Hegel; Freiburg u.a. 1999
Goldratt, E.:	Die kritische Kette; Das neue Konzept im Projektmanagement; Frankfurt 2002
Grossarth-Maticek, R.:	Autonomietraining; Gesundheit und Problemlösung durch Anregung der Selbstregulation; Berlin 2000
Heidegger, M.:	Gesamtausgabe I. Abteilung: Veröffentlichte Schriften 1914-1970; Band 5 Holzwege; Frankfurt/M. 1977
Hering, E./Draeger, W.:	Führung und Management; 2. Auflage; Düsseldorf 1996
Hermann, S.:	Die Zukunftsreise: eine Begegnung mit Ihrer persönlichen Zukunft; Offenbach 2000
Horx, M.:	Smart Capitalism; Das Ende der Ausbeutung; Frankfurt/M. 2001
Kappler, E./ Knoblauch, T. (Hrsg.):	Innovationen – wie kommt das Neue in die Unternehmung? 2. Auflage; Gütersloh 1997
Kirchner, B.:	Benedikt für Manager. Die geistigen Grundlagen des Führens; Wiesbaden 1999
Kluge, F.:	Etymologisches Wörterbuch der deutschen Sprache; 24. Aufl.; Berlin 2002
Knoblauch, J. et al.:	Unternehmens-Fitness – Der Weg an die Spitze; Die vier Erfolgsfaktoren der TEMP-Methode für kleine und mittelständische Unternehmen; Offenbach 2001
Krüger, W.:	Teams führen; 2. Auflage; Planegg b. München 2002
Kupper, H.:	Die Kunst der Projektsteuerung; Qualifikationen und Aufgaben eines Projektleiters; 9. Auflage; München u.a. 2001
Lohmer, M. (Hrsg.):	Psychodynamische Organisationsberatung; Konflikte und Potentiale in Veränderungsprozessen; Stuttgart 2000
Luhmann, N.:	Die Wirtschaft der Gesellschaft; Frankfurt/M. 1988 (1988)
Maturana, H. R.:	Biologie der Realität; Frankfurt/M. 2000

Nefiodow, L. A.:	Der sechste Kondratieff; Wege zur Produktivität und Vollbeschäftigung im Zeitalter der Information; 4. Auflage; Sankt Augustin 2000
Nietzsche, F.:	Werke in zwei Bänden; 2. Auflage; München 1973
Nöllke, M.:	Entscheidungen treffen; Schnell, sicher, richtig; 2. Auflage; Planegg b. München 2002
Nørretranders, T.:	Spüre die Welt. Die Wissenschaft des Bewusstseins; Reinbek b. Hamburg 1977
Poser, H.:	Gottfried Wilhelm Leibniz (1646-1716); in: Klassiker der Philosophie; Erster Band; hrsg. v. Otfried Höffe; München 1981; S. 378-404
Roth, G.:	Aus Sicht des Gehirns; Frankfurt/M. 2003
Safranski, R.:	Wieviel Wahrheit braucht der Mensch?; Über das Denkbare und das Lebbare, München u.a. 1990
Satir, V.:	Mein Weg zu dir. Kontakt finden und Vertrauen gewinnen; 5. durchgesehene Aufl.; München 2001
Schreyögg, A.:	Konfliktcoaching; Anleitung für den Coach; Frankfurt/M. 2002
Schlippe, A./Schweizer, J.:	Lehrbuch der systemischen Therapie und Beratung; 9. Auflage; Göttingen 2003
Schwartz, R. C.:	Systemische Therapie mit der inneren Familie; 4. Aufl.; München 2004
Schulz von Thun/Ruppel/ Stratmann:	Miteinander reden: Kommunikationspsychologie für Führungskräfte; Reinbek b. Hamburg 2000
Schulz von Thun, F./ Stegemann, W. (Hg.):	Das innere Team in Aktion; Praktische Arbeit mit dem Modell; Reinbek b. Hamburg 2004
Sen, A.:	Ökonomie für den Menschen; Wege zu Gerechtigkeit und Solidarität in der Marktwirtschaft; München u.a. 2000
Sinn, H.-W.:	Ist Deutschland noch zu retten?; 2. Auflage; München 2003
Sprenger, R. K.:	Das Prinzip Selbstverantwortung; Wege zur Motivation; Frankfurt/M. 1995

Sprenger, R. K.:	Aufstand des Individuums; Warum wir Führung komplett neu denken müssen; Frankfurt/M. 2000
Taylor, C.:	Quellen des Selbst. Die Entstehung der neuzeitlichen Identität; Frankfurt/M. 1996
Tietze, K.-O.:	Kollegiale Beratung; Problemlösungen gemeinsam entwickeln; Reinbek b. Hamburg 2003
Watzlawick, P. (Hrsg.):	Die erfundene Wirklichkeit. Wie wissen wir, was wir zu wissen glauben?; Beiträge zum Konstruktivismus; 3. Auflage; München 1985
Watzlawick, P.:	Wie wirklich ist die Wirklichkeit; Wahn – Täuschung – Verstehen; 21. Auflage; München 1996
Watzlawick, R./ Nardone, G. (Hrsg.):	Kurzzeittherapie und Wirklichkeit; München 1999
Wehowsky, S.:	Über Verantwortung; Von der Kunst seinem Gewissen zu folgen; München 1999
Weick, K. E.:	Der Prozeß des Organisierens; 2. Auflage; Frankfurt/M. 1998
Wetz, F. J.:	Friedrich Schelling zur Einführung; Hamburg 1996
Wittschier, M.:	Eine wahrhaft ungeheure Reise; Alltag Philosophie; Düsseldorf 1996
Wilber, K.:	Ganzheitlich handeln, Eine integrale Vision für Wirtschaft, Politik, Wissenschaft und Spiritualität; Freiamt 2001
Wujec, T.:	Neues aus der Kreativitätsküche; Spiele, Rätsel, die Erfindungsgeist und Fantasie anregen; München 2002

Zum Autor

Dr. Norbert Weiss, Dipl.-Volkswirt

Langjährige Beratungserfahrung in Industrie-, Handels- und Dienstleistungsunternehmen, insbesondere in kleinen und mittleren Unternehmen, aber auch in Großunternehmen.

Geschäftsführer der symbio Beratungsgesellschaft und geschäftsführender Gesellschafter der symbio EWIV – Organisationen & Persönlichkeiten. Umfangreiche Erfahrung in folgenden Arbeits- und Beratungsbereichen: Motivorientierte Akquisition, KVP, Konfliktmanagement & Mediation, Coaching von Führungskräften, Supervision, systemische Organisations- und Personalentwicklung, Wirtschaftsphilosophie.

norbert.weiss@symbio-ewiv.de

Aus dem RKW-Verlag

Projektmanagement-Fachmann
2005, 8. Auflage 1340 Seiten, 650 Abbildungen, 2 Bände in Schuber
RKW-Nr. 1120, ISBN 3-926984-57-0; 154 €

Heinz-Kurt Wahren
Ziele vereinbaren mit Mitarbeitern und Gruppen
2002, 3. Auflage, 146 Seiten; RKW-Nr. 1363, ISBN 3-89644-110-8; 25,- €

Herbert Lippmann
Marktchancen nutzen mit Produktmanagement
2005, 8., überarbeitete und aktualisierte Auflage, 196 Seiten,
RKW-Nr. 1373, ISBN 3-89644-120-5; 25 €

Kurt Nagel
Strategisches Management in kleinen und mittleren Unternehmen
2004, 2 Auflage; 60 Seiten; RKW-Nr. 1439; ISBN 3-89644-234-1; 14 €

Ute Binder-Kissel
Telefon-Akquisition
2002, 50 Seiten; RKW-Nr. 1448; ISBN 3-89644-195-7; 19,80 €

Thomas Johne
Der Newsletter als Kundenbindungsinstrument
Grundlagen – Erfolgsfaktoren – Realisierung
2005, 76 Seiten, RKW-Nr. 1492; ISBN 3-89644-207-4; 19,80 €

Arno Kastner
Wie bekomme ich einen Kredit für mein Unternehmen?
Ein Rating- und MaK-Ratgeber
2004, 110 Seiten; RKW-Nr. 1466; ISBN 3-89644-213-9; 19,80 €

Fritz-Jürgen Kador u.a.
Personalplanung – Grundlagen eines systematischen Personalmanagements
Eine Handlungsanleitung für die Betriebspraxis
2004, 250 Seiten; RKW-Nr. 1470; ISBN 3-89644-217-1; 34,80 €

Alexander Wurzer
Patentmanagement. Ein Praxisleitfaden für den Mittelstand
2004, 116 Seiten; RKW-Nr. 1479; ISBN 3-89644-226-0; 22,80 €

Lothar Gutjahr
Mediation in mittelständischen Unternehmen
Unterstützung für Personalentwickler, Projektleiter und Einkäufer
2004, 124 Seiten, RKW-Nr. 1481; ISBN 3-89644-228-7; 22,80 €

Daniel Becher
Finanzierung in Unternehmensnetzwerken
Von Unternehmensnetzwerk zur Holding
2005, 80 Seiten; RKW-Nr. 1490; ISBN 3-89644-207-4; 19,90 €

Thomas Johne
Das Firmenjubiläum als Marketingereignis
Planung – Instrumente – Durchführung
2005, 40 Seiten; RKW-Nr. 1499; ISBN 3-89644-246-5; 14,80 €

Thomas Johne
Basiswissen Marketing
Strategien für Erfolg am Markt
2005, 52 Seiten; RKW-Nr. 1502; ISBN 3-89644-249-X; 14,80 €

Thomas Johne
Basiswissen Kundenorientierung - Kundenbindung
Strategien für erfolgreiche Kundenbeziehungen
2005, 49 Seiten; RKW-Nr. 1505; ISBN 3-89644-252-X; 16,80 €

Anja Schulz
Internationalisierung von KMU: Spezielle Risiken erkennen, Chancen im Ausland richtig einschätzen
2004, 96 Seiten; RKW-Nr. 1503; ISBN 3-89644-250-3; 18,80 €

Anja Schulz/Martin K. Welge
Internationalisierung von KMU: Unterstützungsangebote auf dem Weg ins Ausland
2006, 96 Seiten; RKW-Nr. 1507; ISBN 3-90644-254-6; 18,80 €

Silke Balbierz
Ideen entwickeln, sammeln, bewerten
Mit dem Ideen-Zirkel zu neuen Produkten
2006, 48 Seiten; RKW-Nr. 1510; ISBN 3-89644-257-0; 18 €

Andreas Sattler u.a.
Kapital schöpfen durch Ausgabe von Genussrechten, Beteiligungen und Schuldscheinen
Emission und Prospekterstellung
2006, 130 Seiten; RKW-Nr. 1512; ISBN 3-89644-259-7; 25 €

RKW-Verlag, Postfach 5867, 65733 Eschborn
Tel. 06196/495-2821, Fax 06196/495-4401, E-Mail: v@rkw.de, www.rkw.de

Printed by Libri Plureos GmbH
in Hamburg, Germany